DE L'ÉDUCATION POPULAIRE

EN GÉNÉRAL

et particulièrement de ses rapports avec la santé

Conférence faite le 27 Mai 1888
à l'Assemblée annuelle de la Société de Prévoyance
et de Secours mutuels de Sedan

par le Dr Ch. PÉRONNE

Président de la Société
Membre du Comité consultatif d'Hygiène de l'arrondissement
Inspecteur délégué des Écoles communales
Médecin du Bureau de bienfaisance et des Employés de la Ville
Médecin et Administrateur de la Crèche
Médecin de l'Orphelinat protestant de jeunes filles
Lauréat de la Faculté de médecine de Paris
Lauréat de la Société de Tempérance
Chevalier de la Légion d'Honneur

SEDAN
Imprimerie de C. RAHON
11, place Nassau, 11

1888

DU MÊME AUTEUR :

De l'alcoolisme dans ses rapports avec le traumatisme. — Paris 1870. — Delahaye, éditeur. — (Ouvrage récompensé par la Faculté et reproduit par le professeur Verneuil dans ses Mémoires de Chirurgie).

La Caisse générale des retraites pour la vieillesse et ses rapports avec les Sociétés de Secours mutuels. — Sedan 1880. — (Epuisé).

Nouvelles études sur la Caisse générale des retraites pour la vieillesse et ses rapports avec les Sociétés de Secours mutuels. — Reims 1880. — (Epuisé). — (Communication faite au Congrès de la mutualité tenu à Reims le 15 août 1880).

DE L'ÉDUCATION POPULAIRE

EN GÉNÉRAL

et particulièrement de ses rapports avec la santé

BIBLIOTHÈQUE NATIONALE R.F. DÉPÔT LÉGAL IMPRIMÉS

BOA
N° 12127

Conférence faite le 27 Mai 1888
à l'Assemblée annuelle de la Société de Prévoyance
et de Secours mutuels de Sedan

par le Dr Ch. PÉRONNE

Président de la Société
Membre du Comité consultatif d'Hygiène de l'arrondissement
Inspecteur délégué des Écoles communales
Médecin du Bureau de bienfaisance et des Employés de la Ville
Médecin et Administrateur de la Crèche
Médecin de l'Orphelinat protestant de jeunes filles
Lauréat de la Faculté de médecine de Paris
Lauréat de la Société de Tempérance
Chevalier de la Légion d'Honneur

SEDAN
Imprimerie de C. RAHON
11, place Nassau, 11

1888

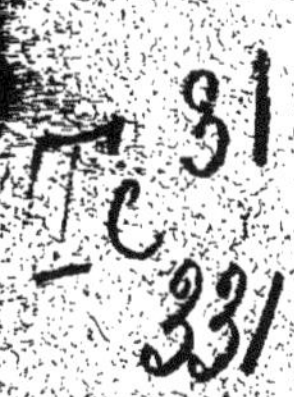
8° Tc 331

DE

L'ÉDUCATION POPULAIRE

EN GÉNÉRAL

et particulièrement de ses rapports avec la santé

Conférence faite le 27 Mai 1888, à l'assemblée générale de la Société de Prévoyance et de Secours Mutuels de Sedan, par le Dr Ch. PÉRONNE, président de la Société.

AVANT-PROPOS

La publication de cet opuscule est une œuvre de propagande ; elle n'a d'autre objectif que d'attirer l'attention, en les condensant, sur un ensemble de questions à l'ordre du jour, et qui préoccupent à cette heure beaucoup de *patriotes*. L'auteur n'y réclame aucun mérite d'invention. Toute son ambition se résume à apporter, dans le milieu où il vit, sa faible part à la salutaire entreprise du relèvement national, et à mettre en lumière certaines vérités pratiques, utiles au plus grand nombre, mais qui ne sont pas encore assez vulgarisées pour que l'opinion en exige la prompte application dans les lois ou en facilite la réalisation rapide dans les mœurs.

Dans le cours de ma carrière professionnelle, j'ai été frappé, comme tous ceux qui ont ouvert les yeux sur la question, de la terrible mortalité des *petits enfants*, et de la dépopulation relative de la France qui en est la conséquence. En examinant, d'autre part, *les jeunes gens*, en observant ce qui se passe dans les écoles, j'ai constaté aussi que l'éducation physique de la jeunesse française, malgré de réels progrès, laisse encore beaucoup à désirer, et que l'hygiène devrait prendre une plus large place dans les préoccupations des maîtres aussi bien que dans le dressage et l'instruction spéciale des élèves. Maintes fois également, j'ai observé, chez *les adultes*, une réceptivité des plus pénibles pour toutes les vérités hygiéniques ou médicales les plus claires et dont l'application est particulièrement bienfaisante pour le peuple. J'ai vu de mes yeux combien de fois l'ignorance était une cause de destruction de l'espèce. Enfin, dans les efforts philanthropiques que j'ai pu tenter, je me suis sans cesse heurté à la difficulté de faire pénétrer dans les cerveaux les idées économiques les plus simples, et les plus incontestablement utiles : toujours j'étais vaincu par la routine et par l'indifférence. J'en ai conclu, avec d'autres, que l'éducation du peuple était LE PREMIER de tous les problèmes à résoudre.

Le terme initial de cette grave question est évidemment *l'instruction*, ou éducation intellectuelle, que je fais suivre de la *discipline physique* et qui se complète par les règles de la *direction morale*.

Mais, à propos d'éducation intellectuelle, je me propose de montrer qu'il y a instruction et instruction, que telle méthode peut être supérieure à telle autre et que, selon la méthode adoptée, les effets particuliers et généraux peuvent être absolument différents. Il va sans dire que les systèmes d'éducation prenant leurs points d'appui *sur l'observation et l'expérience* sont l'objet de ma prédilection.

D'ailleurs, en comparant notre pays à d'autres, où l'instruction populaire, et l'éducation physique de la jeunesse avaient été soignées *plus tôt*, *plus pratiquement* et *avec plus de zèle*, j'ai fortifié ma conviction, par l'examen des résultats obtenus, dans ces diverses contrées, résultats dont tout le monde peut et doit se rendre compte. Je considère, en effet, comme faux et dangereux à l'excès, le patriotisme qui consiste à nier ce qu'il peut y avoir de bon chez nos rivaux, et à croire que nous n'avons à nous éclairer nulle part. C'est ce sentiment absurde qui fit mépriser autrefois, en haut lieu, les avertissements prophétiques du colonel Stoffels ; c'est lui qui, dans une séance législative mémorable, à la veille même de la guerre, soulevait une tempête formidable, faisait tendre les poings menaçants vers M. Thiers, et lui valait l'épithète injurieuse de « Prussien », alors qu'il était sûrement le plus clairvoyant et le plus patriote de tous les Français. C'est là, c'est dans cette disposition d'esprit lamentable que fut *la vraie cause* de tous nos désastres....

Un pareil esprit, si pernicieux dans ses conséquences, n'est point encore éteint chez nous. Il importe, au plus haut degré, de le combattre, sans se soucier des invectives de l'ignorance, de l'aveuglement..... ou de la mauvaise foi. « *Frappe, mais écoute* », disait Thémistocle.

Du reste il n'y a pas que chez nos ennemis que nous puissions butiner : des nations amies nous fourniront aussi de bons exemples à suivre. Il existe évidemment chez nous des qualités excellentes : de celles-là je ne parle pas. C'est surtout des vices de la cuirasse que je m'inquiète, et là principalement je porte mon attention. Ce n'est pas en flattant la vanité nationale, disposition à laquelle nous sommes trop enclins déjà, que l'on obtiendra l'amendement de nos défauts. Il y aurait là peut-être un moyen commode de faire de la popularité : on trouvera bon que je le dédaigne et que j'indique, de préférence, nos côtés faibles, ceux surtout qu'il est possible de corriger et de fortifier par une éducation intelligemment conduite. Se bien connaître d'abord, c'est, pour les nations, comme pour les individus, le meilleur moyen de se bien porter et de se tenir constamment à une distance égale de la confiance aveugle et du découragement irréfléchi. L'enthousiasme sera toujours facile à éveiller chez les Français. Ce que l'on a plus de peine à former en eux c'est le sentiment raisonné de la mesure, de la proportion, de l'exacte vérité. Si certaines personnes échappent à une telle critique, celle-ci n'en reste pas moins, en général, applicable aux foules, dont les entraînements, parfois peu éclairés, viennent, à certains moments critiques, peser, de tout leur poids, sur les destinées du pays. La foule, la masse, a donc surtout besoin d'être éduquée et orientée.

C'est de l'ensemble de ces observations et de ces réflexions qu'est née l'idée mère de cette conférence ; de là aussi l'invitation faite à MM. les inspecteurs et instituteurs des écoles de vouloir bien y assister. Plus que personne, en effet, ces utiles fonctionnaires sont à même d'apprécier l'importance de quelques points sur lesquels j'ai tenu à attirer l'attention. Ils sont, en même temps, les agents naturels d'une telle propagande. C'est donc en partie à eux et à MM. les membres honoraires, que s'adressent certaines parties de mon travail, qui pourraient, peut-être, sembler au-dessus de la moyenne de culture intellectuelle d'une réunion en majeure partie composée de simples ouvriers. Je me suis cependant efforcé d'être aussi clair que possible, et je ne doute pas qu'après l'audition, la lecture, faite tranquillement, et à loisir, permette aux personnes les moins familiarisées avec ces questions, de se faire une idée nette sur les développements dans lesquels je suis entré.

Mon désir est vif de voir ma conviction, réfléchie, sincère, inébranlable, conquérir l'esprit de tous ceux auxquels je m'adresse et leur montrer, avec les clartés de l'évidence, que, dans ces réformes de l'éducation populaire, résident absolument l'avenir et le salut du pays.

Le moment était sans doute opportun pour développer une pareille thèse, *car le même jour, à la même heure*, lors de l'inauguration du lycée de Laon, M. Lockroy, ministre de l'instruction publique, avec qui je ne m'étais pourtant pas donné le mot, traitait du même sujet, *dans le même esprit*, et dans les termes que voici : « La « République n'a point été impuissante, comme on l'affirme « quelquefois. Elle a, au contraire, été féconde parce « qu'elle a été conséquente avec elle-même. Si l'instruction « est nécessaire, c'est surtout dans une démocratie. « Une nation souveraine doit être une nation instruite. « *Elle doit honorer par dessus tout la science*. Elle doit « entourer de soins, de sollicitude, et, j'ajouterai, de « respect la jeunesse studieuse. Elle doit veiller sur cette « élite intellectuelle que forment ses maîtres, ses savants, « ses professeurs et qui, plus tard, devra présider à ses « destinées. *(Applaudissements prolongés).*

« Mais si l'instruction est une chose capitale, *il en « est une autre, non moins importante, c'est l'éducation.* « Il faut que les professeurs s'appliquent *à former les « élèves aux grandes luttes de la vie*, à leur faire « comprendre que bientôt ils seront, dans le monde où « ils vont entrer, les représentants de la France. *Il faut « qu'ils forment leur intelligence et leur raison* tout « autant que leur mémoire ; qu'ils leur imposent *une « discipline libérale*, mais cependant une discipline qui « les habitue à l'obéissance, car c'est en obéissant qu'on « apprend à se commander soi-même. *(Approbation).*

« Ils doivent s'attacher encore A FORMER DES « CARACTÈRES en même temps que des esprits. *Qu'ils se « préoccupent aussi des exercices du corps, pour donner « à ces enfants la santé et la force.* Je les veux instruits, « mais je les veux aussi robustes, qu'ils soient prêts à « tous les combats ! *(Applaudissements et acclamations).* « Il faut surtout leur enseigner, et surtout avant tout, « *l'amour profond de la patrie*..... Qu'ils se souviennent « du passé et qu'ils sachent aussi que les liens matériels « ne sont pas ce qu'il y a de plus précieux dans le monde, « que l'humanité vit d'idéal et que les grandes lois de « l'honneur lui sont données *par un double amour, celui « de la patrie et celui de la liberté* ».

On ne pouvait être, je crois, en plus flatteuse communauté d'opinions et en plus distinguée compagnie.

Bien que M. le Ministre de l'instruction publique ait eu en vue surtout, dans cette allocution, l'éducation des enfants de la bourgeoisie, la plupart de ses conseils sont applicables aussi aux enfants issus des classes laborieuses. C'est précisément ce que j'ai voulu démontrer.

Mon travail a, sans doute, de nombreux défauts ; beaucoup de points n'y ont été qu'effleurés, le temps et l'espace ne me permettant pas de m'étendre davantage. Certains aperçus ne seront peut-être pas du goût de *tout le monde*. Pour cela, je connais bien un moyen infaillible, c'est d'être grisaille, plat, et vide d'idées : sans avoir beaucoup de prétention, ma dissertation vise mieux et plus haut.

Ce que je puis toutefois affirmer c'est qu'elle a été inspirée par une pensée absolument patriotique, c'est qu'elle est le résultat d'une conviction honnête et forte, d'un labeur consciencieux et désintéressé.

Quelques personnes se demanderont peut-être si une réunion de Société de secours mutuels est bien le lieu propice pour une telle exhibition. A cela je répondrai que, précisément pour les causes sus-énoncées, une semblable propagande est difficile à faire. Bien qu'il s'agisse ici de questions qui touchent intimement aux intérêts des ouvriers, la plupart des esprits sont, parmi ceux-ci, encore peu préparés à les saisir. Or, en général, les Sociétés mutuelles forment déjà une élite, une sélection, parmi la masse laborieuse et ignorante. Si l'on a quelque chance de stimuler certaines intelligences et de les gagner à la bonne cause, c'est donc plutôt dans un tel milieu que dans tout autre, plus largement recruté.

Ainsi que je l'indique au cours de mon travail, c'est surtout par les associations ouvrières que l'on parviendra à faire pénétrer dans le gros de l'armée prolétarienne les notions qui doivent améliorer sa condition, éclairer son intelligence, apaiser ses rancunes, et la rendre digne finalement du rôle politique important que nos institutions lui assignent.

Bien que le but constant de semblables réunions soit, avant toute chose, le développement de la mutualité et de la solidarité, il est assez difficile d'aborder certains sujets sans faire quelques excursions sur les terres voisines, d'autant plus que, dans la pratique, une foule de questions ont de nombreux contacts. Qu'il s'agisse, par exemple, de l'éducation populaire, est-ce qu'un tel sujet n'a pas des rapports multiples avec l'histoire, avec la politique, avec l'économie, avec les croyances, avec l'armée, etc...?.

Il est presque impossible, lorsqu'on parle devant un auditoire aussi spécial, et surtout si l'on se livre à des développements un peu étendus, qu'on n'effleure pas en passant quelques points qui ne sont pas du domaine absolu de la mutualité et sur lesquels il peut y avoir des divergences d'opinion.

Après tout, du moment où l'on ne tombe pas dans l'exagération et la violence, il n'y a aucun mal à cela. Il n'est mauvais pour personne d'entendre, de temps à autre, des opinions qui ne sont pas le reflet exact de la sienne propre. Ce choc d'idées fournit parfois d'heureux résultats. N'est-il pas possible, en effet, que l'opinion différente de la nôtre soit la bonne, la vraie? Cela vaut souvent la peine d'être examiné. C'est, du reste, le propre des larges esprits de ne se froisser de l'expression d'aucune opinion. C'est aussi la marque des esprits solides. Ils ne craignent ni l'antagonisme, ni la comparaison. Rien de mieux, au demeurant, pour s'éclairer et se contrôler soi-même. En ce qui me concerne, s'il s'agit d'éducation, par exemple, je lis avec autant d'intérêt un ouvrage de Fénelon ou de Dupanloup que l'œuvre d'un

Michelet ou d'un Herbert Spencer.

Ce mode de tolérance intellectuelle devrait s'établir dans tous les rapports humains. La sociabilité générale ne pourrait qu'y gagner d'ailleurs. Les salons du XVIIIe siècle étaient particulièrement vivants et intéressants, parce que l'on y admettait la controverse des opinions et des croyances les plus opposées. En dehors de cela, il n'y a que coterie, étroitesse d'esprit, et, le plus souvent, endurcissement dans le péché, ou plutôt dans l'erreur, qui est aussi une forme du péché, surtout quand on évite systématiquement toute occasion de s'éclairer et d'en pouvoir sortir. On ne me fera jamais croire que deux hommes bien élevés ne peuvent, quoique divergents d'opinions, discuter courtoisement ensemble, et de bonne foi, sans devoir recourir aux invectives. S'il en est autrement en ce moment, dans la société française, formons le vœu que cela change vite, tout le monde y gagnera.

Bien que les réunions de Sociétés mutuelles ne soient point des tribunes, où se donnent des joûtes contradictoires, il importe pourtant que les orateurs qui y prennent la parole, puissent y jouir d'une certaine liberté d'allure et y exposer, sous leur pleine responsabilité, ce qu'ils considèrent comme l'expression du vrai et du bien, avec la persuasion d'être utiles à ceux qui les écoutent. Du moment où l'on tend tous ensemble vers un but louable, peu importent les chemins que prennent les diverses intelligences pour y aboutir. Chacun suit sa pente favorite. Il faut bien reconnaître que si toute l'existence d'une Société de secours mutuels se résumait, chaque année, dans une sèche exposition de chiffres, le résultat poursuivi pourrait paraître assez mince. N'est-il pas bon, au contraire, que l'on sente la chaleur et la vie morale circuler dans ces organismes intéressants? N'est-il pas utile qu'on y apporte un peu de variété, qu'on y fasse naître des idées, qu'on y soumette, au contrôle sévère des faits, les conceptions des penseurs, des philosophes, des théoriciens ? Quand surtout l'on vit dans une époque comme la nôtre, où tant de problèmes sociaux sont agités, n'est-ce pas un devoir pour tous les hommes animés de bonnes intentions de rechercher, au milieu de tant de systèmes proposés, quelles sont les solutions vraiment pratiques, celles qui peuvent être utilisées immédiatement et s'adapter, sans péril, aux institutions existantes ? A mon sens c'est là le vrai rôle des présidents de Sociétés mutuelles. Placés sur un terrain de conciliation, ils doivent toujours chercher la fusion des classes, tantôt en modérant les impatiences des membres participants, tantôt en stimulant la marche en avant des associés libres. C'est par une série d'efforts de ce genre, qu'on arrivera à dissiper bien des malentendus et, à trouver, pour les éléments divers de notre société française, un *modus vivendi* à peu près supportable. Mais à cet effet, il est bon que chacun y mette un peu du sien et fasse parfois le sacrifice de ses préférences personnelles. Je ne vois pas qu'il y ait là rien de si pénible.

Une œuvre comme la nôtre doit grouper les efforts des gens de bien, quelle que soit leur cocarde. Elle doit être, pour tous, une école de tolérance mutuelle, où les convictions différentes s'habituent à marcher côte à côte, en se supportant philosophiquement, et en visant toujours le même objectif.

Il y a encore beaucoup à faire pour qu'il fleurisse *un peu de justice* sur la terre. Ce n'est pas trop pour cela du concours de toutes les libres intelligences et de toutes les bonnes volontés. Depuis de longs siècles les âmes, patiemment pieuses, murmurent quotidiennement l'invocation bien connue « *que votre règne arrive !* », et ce règne de la Justice, ce règne, qu'il ne suffit plus d'ajourner à une autre vie, est sans cesse retardé dans sa venue. Appliquons-nous donc, tous ensemble, dans la mesure de nos forces, à en hâter parmi nous l'heureux et triomphal avènement.

L'aurore du progrès humain se colore précisément à cette heure d'une clarté nouvelle. De l'autre côté de l'Océan, un grand peuple, déjà civilisé, était encore marqué de l'opprobre de *l'esclavage* : l'empereur du Brésil vient, par un décret, d'affranchir *les derniers* esclaves !... Il est vrai que cet empereur vit dans la société habituelle des savants et des sages, et que, chose rare, il est, lui-même, un homme de science doublé d'un philosophe !....

Nous, qui sommes moins puissants, tâchons, à notre manière, de combattre chez nous les vestiges de l'esclavage ancien. Combattons *la misère*, combattons *le vice*, combattons *l'ignorance*, qui sont aussi des chaînes, dont les stigmates, héréditaires et honteux, font mentir fréquemment encore notre bâtarde, conventionnelle, et quelque peu hypocrite civilisation.

Sedan, le 4 Juin 1888.

CH. PÉRONNE.

MESDAMES, MESSIEURS,

Ces prix que nous distribuons chaque année aux enfants n'ont pas seulement pour but de leur mettre en mains quelques volumes, plus ou moins bien choisis, ou quelques livrets de Caisse d'épargne ; ils ont pour objet principal, avec l'inspection qui en précède la distribution, de vous prouver quelle importance nous attachons à *l'éducation* de la jeunesse, et combien nous désirons que les enfants viennent à nous et apprennent, de bonne heure, à connaître, et à aimer notre œuvre. Aussi ai-je crû bien faire en vous parlant cette année des enfants, de leur éducation et principalement de leur santé. Un président de Société de secours mutuels est dans son rôle en faisant l'apologie de la santé; il fait preuve ainsi, je crois, d'instincts prévoyants et de sagacité administrative.

I. LA SANTÉ ET L'HYGIÈNE

De la santé en général. — Les violations de l'hygiène. — La folie de la guerre. — L'alcool, le tabac, l'opium. — De la Société de secours mutuels comme école pratique d'hygiène. — L'âme n'est saine que dans un corps sain. — La propagande de la santé.

La Santé ! Est-il, en effet, Messieurs, un bien plus souhaitable? Voyez, du reste, comme nous en sommes tous profondément convaincus : il nous est impossible de nous rencontrer, de nous aborder sans nous interroger réciproquement sur la cote journalière de cette précieuse denrée. « Comment vous portez-vous? comment va votre santé? » Il en est ainsi chez tous les peuples; et, si la banalité de la chose fait que nous ne l'analysons pas, il n'en est pas moins évident qu'une coutume aussi ancienne et aussi répandue, marque bien que la santé est considérée, par tout le monde, depuis l'origine de l'humanité, comme la préoccupation maîtresse, celle qui mérite le plus d'intérêt.

Combien de gens pourtant agissent comme s'ils ne s'en doutaient pas ; combien ne s'appliquent ni à conserver, ni à accroître ce capital indispensable, et semblent, tout en employant quotidiennement les formules de politesse auxquelles je faisais allusion, n'avoir qu'un souci très modéré d'un tel avantage ! On dirait même qu'ils ne savent qu'imaginer pour arriver à le compromettre, à le détruire. Sans parler de la guerre, cette immense et universelle folie, vestige non éteint encore des instincts carnassiers de l'homme primitif, l'alcool et le tabac en occident, l'opium et le haschich chez les orientaux, ne sont-ils pas des inventions humaines, des habitudes artificielles, ne répondant à aucun besoin réel, des conceptions maladives, destinées à gâter la santé et à abréger l'existence d'un être qui se proclame le plus intelligent de la création ? La civilisation est pleine de contradictions de ce genre. L'animal, au moins, ne mange plus lorsque sa faim est satisfaite ; il ne boit que lorsqu'il a soif, et ne se crée aucun besoin factice. « La gueule, a dit Brantôme, dans le langage « coloré de son temps, la gueule fait plus de « victimes que le glaive ». Je me rappelle même avoir choisi cette sentence judicieuse pour épigraphe d'un travail, que je publiai il y a une vingtaine d'années, et où j'essayais de démontrer la gravité particulière des blessures et des opérations chez les sujets adonnés aux boissons alcooliques. Peut-être un jour vous entretiendrai-je, Messieurs, des méfaits sans nombre de l'alcool et du tabac. Pour le moment je veux seulement vous indiquer, d'une façon générale, que l'homme s'ingénie vraiment à abréger son existence. Un allemand illustre, le Dr Hufeland, qui a écrit un traité renommé sur *l'art de vivre longtemps*, traité où l'on trouve d'excellents conseils relatifs à l'éducation, et qui n'a pas peu contribué à faire l'Allemagne ce qu'elle est aujourd'hui, Hufeland, dis-je, prétend pourtant que l'homme pourrait vivre deux siècles. Il s'appuie pour cela, sur le raisonnement suivant que Buffon affectionnait : « Les animaux vivent sept fois « autant qu'ils mettent à acquérir leur croissance « complète. Or, l'homme croît jusqu'à 25 ans ; « donc il doit vivre deux cents ans ».

C'est précisément pour cela que nous nous réunissons, Messieurs. Si je vous ai convoqués ici, si je prends la parole au milieu de vous, c'est pour vous indiquer, entre autres choses, l'art de vivre deux cents ans. Il va donc falloir veiller attentivement sur notre fonds de retraite et nous appliquer à faire des économies. Une telle perspective de longévité n'a pas l'air toutefois de vous déplaire et il me semble que vous devenez encore plus attentifs. C'est justice. Quel est, en effet, l'objectif principal d'une Société de secours mutuels ? N'est-ce pas la préoccupation constante de la santé de ses membres ? Vous êtes aussi, je le veux bien, une Société de prévoyance et d'épargne, comme votre nom l'indique ; mais, avant toute chose, vous formez entre vous une Société d'assurance mutuelle contre les avaries que pourrait éprouver votre santé. Et savez-vous quelle serait la Société de secours mutuels parfaite, la Société idéale ? — C'est celle où l'on ne serait jamais malade, celle qui, grâce aux bons principes de ses membres, garantirait à tous la santé parfaite, et mettrait de côté tout son argent pour arriver

BIBLIOTHÈQUE NATIONALE R.F. IMPRIMÉS

bientôt à un fonds de retraite incalculable. Tout le monde voudrait en être d'une telle Société, et ses administrateurs pourraient, sans crainte, en augmenter la cotisation annuelle. C'est ainsi que les choses se passent, m'a-t-on dit, dans certains pays de l'Orient, où l'on rétribue son médecin avec d'autant plus de libéralité que l'on est moins malade. Jugez si les médecins, dans ces contrées bénies, veillent avec attention sur la santé de leurs clients ! Leur tâche est peut-être plus facile et plus agréable que la nôtre, et leur science peut se borner à enseigner aux autres le moyen de se passer d'eux. N'est-ce pas là, Messieurs, un bon exemple à imiter, et croyez-vous que les membres de notre Société n'auront pas fait preuve de la plus haute intelligence le jour où ils auront appris à ne pas perdre la santé ? C'est là bien évidemment que doivent tendre tous leurs efforts.

Il n'est pas douteux, en effet, que votre ignorance de l'hygiène est la cause la plus habituelle de vos maladies. Je voudrais, Messieurs, que toutes les Sociétés de secours mutuels fussent un peu, pour la classe laborieuse, des écoles pratiques d'hygiène, comme elles sont déjà des foyers de morale et de patriotisme, comme elles sont des instituts de solidarité, où toutes les classes peuvent se rapprocher dans un but commun, comme elles sont des asiles de tolérance, où les passions des partis et des sectes peuvent signer un armistice, comme elles sont aussi, peut-être, les écoles enfantines de l'économie politique et sociale, et, pour ainsi dire, la porte d'entrée par laquelle les premières et les plus saines notions économiques, pénètrent peu à peu, à l'aide des faits, dans des cerveaux, qui n'avaient pas reçu la culture préalable réclamée d'ordinaire par cette utile semence. Si, sur toute la surface du pays, des hommes dévoués voulaient s'en donner la peine, il est certain qu'un grand nombre d'idées pratiques, précises, apaisantes et civilisatrices pourraient s'introduire rapidement dans les masses populaires, par l'intermédiaire de ces modestes institutions.

C'est ainsi du moins que j'ai toujours compris mon rôle parmi vous, Messieurs, — En réalité, nous sommes tous, sans exception, des ignorants, si l'on considère le domaine infini des choses que nous aurions intérêt à connaître. Il y a néanmoins des degrés dans cette ignorance ; et j'estime, que le devoir de ceux qui, sous ce rapport, sont le moins mal partagés, est de ne pas conserver égoïstement pour eux ce qu'ils ont acquis, mais d'en faire profiter leurs frères en ignorance, chaque fois que l'occasion leur en est offerte. Cet échange d'observations, de pensées, de réflexions, cette mise en commun d'études et de travaux personnels n'est peut être pas, à mon humble avis, Messieurs, la plus mauvaise manière d'entendre et de pratiquer la solidarité.

Toutefois, lorsque l'on parle au peuple il faudrait faire en sorte que ce ne fût pas du temps perdu, et que ce qu'on lui dit servît vraiment à améliorer sa condition, à dissiper les obscurités qui règnent encore dans sa pensée et dans sa conscience. En a-t-il toujours été ainsi? Beaucoup d'hommes, qui ont été souvent en contact avec les classes laborieuses, depuis des siècles, ont-ils tiré tout le parti possible de ces rapports et de l'influence qu'ils avaient acquise ? Ont-ils vraiment bien compris leur tâche ? Ont-ils réellement éclairé les cœurs, les intelligences et les intérêts ? Ont-ils fait, en un mot, le bien qu'ils auraient pu faire? Je ne veux pas ici instruire un tel procès, mais bien souvent, je vous l'avoue, cette question a préoccupé mon esprit......

En tout cas, pour s'entretenir avec des gens simples, avec des laboureurs, avec des ouvriers, sur tant de sujets qu'ils auraient si grand besoin de connaître, ce n'est point en latin qu'il faut leur parler; ce n'est pas non plus, en partant de ce principe fondamental, absolument faux, que le corps est une guenille ne méritant que le mépris. Les soins du corps ne sont point, en effet, en opposition avec ceux de l'esprit: l'hygiène, au contraire, est voisine et proche parente de la morale. « L'âme n'est saine que dans un corps sain » proclame la sagesse des anciens temps. « Tout ce « qui est donné, dans la jeunesse, à la santé du « corps, écrit M. de la Prade, profite à la vigueur « morale ».

« Chaque individu, dit, de son côté, le Dr Leven « a, en naissant, à l'état embryonnaire, une « somme de forces physiques et mentales qui ne « se développeront pas si l'éducation est mal com- « prise, mais qui se développeront harmonique- « ment, si elle est rationnellement donnée; il est « nécessaire que ce développement se fasse « simultanément : si les forces physiques sont « spécialement favorisées, les forces intellectuelles « en souffriront, et réciproquement; il ne faut « pas séparer l'éducation physique de l'intellec- « tuelle; elles ne doivent, en réalité, en constituer « qu'une seule. »

Ces vérités, Messieurs, étaient familières aux anciens philosophes et aux anciens médecins; et si elles ont été éclipsées ou obscurcies, durant des siècles, sous l'influence d'une domination avide de ténèbres, il faut se rappeler que, dès la Renaissance, médecins et philosophes ont fait de constants efforts pour les rétablir et les propager. Le dix-huitième siècle principalement y a travaillé avec une admirable persévérance, et non sans succès, ainsi qu'en témoignent les remarquables écrits de Condorcet, de Cabanis, de Volney, plus tard de Gall et de Broussais, qui ont ouvert la voie où marchent hardiment à cette heure la science et la pédagogie modernes, dont rien n'enraiera plus désormais l'essor.

Une telle doctrine, efficace et vraie pour tous, l'est peut-être bien plus encore, Messieurs, pour la partie laborieuse de la Nation, pour celle qui prépare physiquement et patiemment le bien-être des heureux et des privilégiés. « Il faudrait, dit « M. Jules Simon, faire la propagande de la santé, « comme on fait la propagande de la morale, et, « je ne crois pas faire un paradoxe en disant qu'on « propagerait la morale en propageant la santé, « parce qu'un ouvrier qui mange bien chez lui, « qui y respire à son aise, qui voit régner la pro- « preté, qui couche dans un bon lit et est entouré « de joyeux visages, n'ira pas déserter sa maison « pour une tabagie bruyante et infecte, où il fait « des dettes, reçoit des coups et contracte des « maladies (1). »

C'est donc cette propagande salutaire que je veux faire avec vous, Messieurs, et rien ne me paraît plus indiqué, plus naturel que d'envisager la question relativement à l'enfant. L'éducation *physique*, je l'ai dit, ne peut être séparée chez lui

---

(1) *Les Misères du siècle* par le Dr Piéchaud — (Préface de M. Jules Simon).

de l'éducation intellectuelle et morale. Leur soudure est intime. Les systèmes pédagogiques qui ont méconnu cette vérité ont versé dans l'erreur. Cette erreur, à son tour, a rejailli sur les peuples qui l'ont subie: ils en ont été les victimes.— Examinons donc ensemble, Messieurs, l'éducation de la santé chez l'enfant, nous fixerons ainsi l'un des éléments qui exercent le plus d'influence sur la destinée de l'homme en particulier et sur celle des nations en général.

II. L'ENFANT (1)

L'élevage de l'homme. — La mortalité infantile en France et à l'étranger.— L'accroissement de la population française comparée à celui d'autres pays. — La Société protectrice de l'enfance. — La loi Roussello. — La nourricerie de Vincennes.— La couveuse. — Le gavage. — De l'allaitement maternel. — De l'allaitement artificiel. — De l'allaitement mixte. — Les crèches. — Leur utilité pour la famille ouvrière. — Fondation d'une crèche à Sedan. — De la tolérance, et de l'union pour le bien. — Des enfants naturels. — De la fille mère, et de son relèvement possible. — Morale, prévoyance, justice et patriotisme.

L'enfant ! Quels graves problèmes s'agitent autour de cette existence précaire, de cet organisme fragile et délicat ! Eh oui ! la fortune de la patrie repose tout entière sur ce petit être : c'est lui qui tient l'avenir dans sa main incertaine et gracieuse. Selon la manière dont vous allez le façonner, le pays prospèrera, ou s'acheminera davantage vers la décadence. L'éducation de cet homme en herbe, de ce citoyen au maillot, de cette future mère de famille, est donc l'une des plus importantes préoccupations qui puissent passionner les bons esprits, et elle les passionne réellement à cette heure, où l'existence de la patrie semble parfois

---

(1) La plupart des documents statistiques contenus dans ce chapitre sont empruntés aux intéressants ouvrages de mon confrère, M. le Dr Monin, ce vulgarisateur si compétent et si distingué de la science hygiénique.

mise en question. Ne vous le dissimulez pas, Messieurs, *l'élevage de l'homme* a été trop négligé chez nous depuis longtemps. D'autres peuples nous ont, à cet égard, distancés de beaucoup ; il est grand temps que nous fassions de considérables efforts pour combler cette lacune et nous remettre au point.

Le voilà donc né l'*enfant*, l'homme de demain. Le premier problème qui se pose est de le faire vivre. Là n'est peut-être pas la moindre difficulté. Dès les premiers jours, l'existence de cette frêle créature est semée de précipices. Pour le nouveau né « tout est aquilon ». Vous ignorez sans doute qu'il meurt annuellement en France plus de 160000 enfants. En 10 ans cela représenterait 1 million 600,000 habitants. Un sixième environ des nouveaux-nés n'atteint pas l'âge de 12 mois. Aussi la population française ne s'accroît presque pas. Tandis que l'accroissement annuel est, pour 1000 habitants, de 130 en Allemagne, de 145 en Angleterre, il est de 36 en France. La mortalité infantile est, dans son ensemble, de 65 % en France : elle n'est que de 12 % en Norwège. Croyez-vous qu'un tel état de choses puisse subsister longtemps sans devenir pour notre Nation un élément de rapide déchéance ? La réponse n'est pas douteuse.

Parmi les 160,000 décès que je vous signalais, il y a, chaque année, 120,000 *nourrissons*, qui périssent, dans le cours de la première et de la seconde année, *victimes du mauvais lait, de la malpropreté, de la nourriture vicieuse et prématurée, de l'inflammation intestinale, en un mot de l'ignorance des mères et de l'incurable négligence des nourrices.*

Les savants, les médecins surtout, ont agité

les premiers la cloche d'alarme dans les académies et autres associations. Des Sociétés d'hygiène et de protection de l'enfance se sont formées, grâce à de louables initiatives, qui ont, depuis une quinzaine d'années, indiqué le mal et cherché ses remèdes. Mais nos administrations n'ont pas complètement perdu encore leur ancienne allure routinière et somnolente : voilà seulement qu'elles paraissent vouloir secouer leur torpeur à ce sujet et commencent à venir en aide aux bonnes volontés individuelles. « Quoi, s'écriait, en 1872, le regretté « Dr Brochard, une pauvre mère de famille, qui a « nourri et élevé plusieurs enfants, reçoit un prix « de 25 à 50 francs, et un fermier qui a élevé un « taureau Durham ou un poulain pur sang, reçoit « une médaille d'or et 600 francs ! ». Les concours régionaux sont largement subventionnés ; nous l'avons vu tout récemment à Sedan même ; les courses de chevaux sont encouragées par des primes importantes ; cela devient même une fashion tout à fait distinguée ; mais c'est à peine si l'on s'occupe des Sociétés et des institutions qui ont pour objet la culture de l'enfance. C'est le cas de dire avec un malicieux humoriste : « Ce qui « distingue vraiment l'homme de la bête, c'est la « Société protectrice des animaux ! »

Quoi qu'il en soit de cette boutade, il est certain que la loi Rousselle, encore un médecin celui-là, qui règlemente, depuis peu, la surveillance des nourrices et des nourrissons, est une loi bienfaisante, qu'il est fort regrettable de ne pas avoir possédée plus tôt. Déjà elle a donné d'importants résultats. Dans le Calvados, par exemple, la mortalité des enfants, entre 1 jour et 2 ans, était autrefois de 30 % ; elle est descendue à 6 %, grâce à l'application attentive de cette loi.

A Paris, la création récente, sous la protection du Conseil municipal, de la *nourricerie de Vincennes*, où les enfants sont allaités avec le lait d'ânesse, le meilleur de tous, après celui de la mère, l'emploi curieux et si efficace de la *couveuse* et du *gavage* dans les maternités, innovations ingénieuses, dues aussi à l'initiative des médecins, ont également sauvé déjà beaucoup de créatures qui, sans elles, eussent été vouées à une mort certaine.

On commence donc, de divers côtés, à apprécier l'importance de telles questions; quelques progrès, on le voit, sont déjà réalisés ; l'impulsion est donnée : on n'a plus qu'à marcher dans la voie si nettement tracée.

Vous aussi, ouvriers de Sedan, qui êtes de bons parents et de bons Français, devez donc vous préoccuper sérieusement du sort des petits enfants, qui naissent dans vos familles, et vous appliquer à les conserver, tout à la fois, à votre affection et à votre pays. C'est aux mères surtout, que je m'adresse en ce moment, et je leur dis : nourrissez vous-mêmes vos enfants *chaque fois que vous le pourrez*. L'allaitement maternel, quand il n'est pas contre-indiqué par la santé défectueuse de la mère, est, en effet, supérieur à tout autre procédé. A Lacédémone, la loi de Lycurgue, chez les Arabes le Koran, chez les anciens Germains une législation spéciale, interdisaient l'allaitement mercenaire dans le but de favoriser la conservation de l'espèce. En France l'allaitement mercenaire donne une mortalité moyenne de 25 %, tandis que l'allaitement maternel ne donne que 15 %.

Les pays d'Europe, où la population s'accroît

le plus, et où la mortalité est la moindre, (Suisse, Suède, Norwège, Angleterre, Allemagne), sont précisément, par ordre, ceux où l'allaitement maternel est le plus en honneur. J'ajouterai que ce sont aussi, en général, ceux où l'instruction populaire est le plus avancée. Etant donnés ces résultats il n'est donc point étonnant, Messieurs, que je recommande aux mères qui m'écoutent de nourrir elles-mêmes leurs enfants.

Il existe pourtant, dans les cités industrielles principalement, des conditions particulières que je ne puis méconnaître, les ayant souvent sous les yeux. Parmi vous beaucoup de jeunes mères doivent travailler, en dehors de leur domicile, soit comme journalières, soit comme ouvrières de fabrique. Celles-là sont forcées de renoncer, au moins en partie, à l'allaitement personnel et de confier leurs enfants à une surveillance le plus souvent insuffisante. C'est parmi ces pauvres petits, soumis à une alimentation artificielle, mal dirigée et mal digérée, que la mortalité est vraiment lamentable. Les enfants des pauvres fournissent aux tables de mortalité un tribut de 20 % environ. Et pourtant, pratiquée avec soin, et sous une habile surveillance, l'alimentation artificielle de l'enfance peut donner d'excellents résultats. Eminemment nuisible entre des mains inhabiles et ignorantes, cette pratique arrache certainement à la mort une bonne part de sa proie, quand elle est remplie avec discernement et selon les règles dictées par la science.

C'est là qu'apparait, Messieurs, d'une façon frappante, l'utilité des *Crèches*. Aujourd'hui, grâce à de généreuses initiatives, grâce au concours intelligent du Conseil municipal, grâce enfin aux nombreuses souscriptions d'une grande partie de la population, qui n'est peut-être ni la moins libérale, ni la moins éclairée, vous possédez à Sedan, depuis quelques semaines à peine, une Crèche bien aménagée et que vous avez eu le loisir de visiter. Là vous trouverez réunies toutes les conditions d'hygiène, de salubrité, de sécurité, de bonne direction qu'il est possible de souhaiter pour l'élevage des petits enfants auxquels leurs mères ne peuvent donner à domicile tous les soins nécessaires. Du reste la Crèche n'empêche pas de continuer, au moins en partie, l'allaitement naturel. Les mères nourrices sont admises à des heures déterminées à donner le sein à leurs enfants, comme elles peuvent aussi le faire, le matin avant leur départ, et le soir après leur retour.

Les personnes qui ont concouru à la création de ce bel établissement méritent vraiment votre reconnaissance, car elles ont rendu à la population ouvrière de cette Ville un service réel et sérieux.

La jeune mère pourra désormais se livrer, sans préoccupation ni arrière-pensée, à son travail extérieur, allégée de la crainte des mille accidents qui, en son absence, menacent au logis le tendre nourrisson. L'expérience a démontré, du reste, qu'un jeune ménage, où le mari et la femme peuvent travailler à la fois et additionner leurs gains de la semaine, est, si l'ordre y règne, à l'abri de la misère. Or c'est souvent de ce début que dépend tout l'avenir de la famille. La mère encore novice pourra aussi trouver à la Crèche d'utiles conseils et de bons exemples pour la direction de la première enfance, notions qui lui font défaut le plus souvent, et dont l'ignorance est la cause la plus habituelle de la mort prématurée de tant de jeunes enfants.

Cette fondation constitue donc, Messieurs, un progrès véritable pour notre Ville ; et il est certain que l'administration municipale, en confiant la direction de l'établissement à une *mère de famille*, suivant en cela, du reste, l'esprit et les intentions présumables du premier fondateur, n'aura mis aucun obstacle à la prospérité de l'Œuvre.

L'utilité et la portée générale d'une telle création la recommandent suffisamment, en effet, à tous ceux qui font passer, avant les calculs étroits de l'esprit de coterie, avant leurs préférences personnelles, une sainte et profonde pitié pour l'enfance misérable, un amour large et sincère de l'humanité. Dans notre Société, ouverte à tous, et où la tolérance a toujours été pratiquée, on a de la peine à se figurer que deux dames, de croyances ou d'opinions différentes, ne puissent se rencontrer autour du berceau d'un petit enfant, sans mettre en péril la paix et la sécurité publiques. Il ne faudrait pourtant pas exagérer de telles tendances. D'où qu'il vienne, le fanatisme, toujours regrettable en lui-même, risque fort, en effet, d'incliner vers le ridicule, lorsqu'il prétend porter la lutte des partis jusque dans ces régions onctueuses et pacifiques, où mijotent à feu doux la crême de riz et le bouillon de poulet ; lorsqu'il ergote subtilement sur les mérites respectifs du biberon congréganiste et du biberon laïque ; lorsqu'il met en conflit le hochet libéral et le hochet clérical. Nos amis les Belges, plus avancés que nous dans la carrière, et très friands, parait-il, de ces sortes de distinctions, n'avaient pas encore songé à celles-là : ils vont sûrement porter envie à leur voisine la cité des La Mark !.... Où vas-tu donc, de ce pas, vieux bon sens français ?.... Si je ne me trompe, tu fais fausse route !...

En ce qui concerne notre Institution, la Crèche peut être pour nous, Messieurs, une utile auxiliaire, tant il est vrai que, dans le bien comme dans le mal, les œuvres sont étroitement solidaires. En effet, les enfants restent à la Crèche jusqu'à l'âge de trois ans ; et c'est précisément à partir de cet âge que nous les acceptons. Or nous avons le plus visible intérêt à ce qu'on n'introduise dans nos rangs que des organismes solides et résistants, présentant les moindres chances possibles de maladies. Et il est bien démontré que rien n'exerce une influence plus salutaire sur la santé ultérieure de l'homme que la qualité des soins donnés à la première enfance. En dehors des avantages particuliers que vous êtes appelés à en retirer, il est donc permis d'espérer que cette nouvelle et bienfaisante institution ne pourra exercer sur notre Œuvre qu'une favorable influence. C'est là que se fera, à l'abri des intempéries, le semis délicat des jeunes plants que nous mettrons ensuite en pleine terre.

Un fait qu'il m'a été agréable aussi de constater, Messieurs, dans cette création récente, c'est qu'on y a apporté un esprit d'assez large tolérance pour y admettre les enfants dont la naissance n'est pas régulière. La charité moderne doit considérer, en effet, comme un reste de barbarie sauvage, cet ostracisme, appliqué par d'autres institutions, à de pauvres petits innocents, qui abordent l'existence dans une situation déjà si défavorable. Ne doit-on pas, en effet, s'appliquer à réparer pour eux, le plus possible, les injustices de la fortune? Et n'est-ce pas là une idée plus morale et plus civilisatrice que celle de cette malédiction, à la Jéhovah, qui rend le petit enfant responsable d'une faute qu'il n'a point commise? Grâce aux sages et aux philosophes, les mœurs, fort heureusement, commencent à s'adoucir parmi nous, Messieurs, et ce ne sont plus aujourd'hui les sentiments de colère et de vengeance qui tendent à régler la justice et les institutions des hommes.

Il faut être bien aveuglé aussi pour ne point reconnaître que la mère elle-même profitera souvent d'une telle mansuétude, et ne pourra y trouver qu'une occasion de relèvement. C'est de cette malheureuse, en effet, que le Dr Monod a pu dire avec tant de vérité : « Repoussée par tout le « monde, sans travail, sans ressources, elle n'offre « à son pauvre enfant qu'un lait peu abondant et « de mauvaise qualité. Souvent, alors qu'elle « aurait pu élever tendrement ce pauvre petit « être, (si la société au lieu de la repousser lui « fut venue en aide), affolée, brisée de douleur, « elle lui donne la mort ».

Ajoutons que, lorsqu'elle n'aboutit pas à cette fatale issue, on la voit trop souvent descendre avec rapidité la pente dangereuse sur laquelle on l'a entraînée, et son enfant en subit les tristes conséquences. Tout effort fait pour s'opposer à d'aussi déplorables résultats ne peut donc tourner qu'à l'avantage commun, cela me semble de la dernière évidence. Nul sentiment, qu'on le sache bien, n'est plus moralisateur, en lui-même, que celui de la maternité ; il a souvent opéré des prodiges.

Il y a donc là encore, Messieurs, un grand

bienfait matériel et moral à retirer des Crèches, et j'ai l'espoir que ce sera le cas de celle de Sedan en particulier. Je plains les personnes qui, sous prétexte d'un rigorisme excessif, plus justement applicable, selon moi, aux vrais coupables, à ceux que la loi ne permet pas de rechercher, (à vos fils, peut-être, Madame), prétendent punir la mère en se montrant cruelles et impitoyables vis-à-vis de l'enfant ; de ce pauvre petit être qui non seulement naît déshérité de tout, mais qui, dans notre société, encore esclave des préjugés, aura tant à pâtir plus tard de circonstances qu'il n'a point faites, victime irresponsable des caprices du sort et des inégalités fatales de la naissance.

Et pourtant ces enfants là, Messieurs, sont aussi des Français ! C'est donc faire œuvre patriotique que de les conserver au pays. En dehors de tant d'autres considérations, simplement humanitaires, ce pays, je l'ai démontré par des chiffres *éloquents*, n'a pas le droit de les négliger : sur leurs têtes, comme sur celles des autres enfants, nés dans de meilleures conditions, repose, en définitive, l'avenir social et matériel de la Nation.

C'est précisément l'honneur de la philanthropie moderne de faire tous ses efforts pour rétablir, dans la mesure possible, ce trouble d'équilibre ; pour offrir à la faiblesse le moyen de se fortifier, à la faute la facilité de se relever et de racheter bientôt, par une vie honnête, un moment d'oubli, parfois cruellement puni.

N'est-ce pas là, Messieurs, de la bonne et saine morale, de la sage prévoyance, du patriotisme éclairé et de la vraie justice?

III. L'ÉDUCATION INTELLECTUELLE

De la sollicitude publique pour l'éducation des enfants pauvres. — Une parole de Luther. — Les écoles du peuple en France avant l'époque actuelle. — L'instruction populaire en Allemagne : ses résultats. — L'instruction populaire aux États-Unis : ses conséquences. — La troisième République en face du problème de l'instruction populaire. — Ce que dira l'histoire.

L'enfant a donc échappé aux périls si grands du bas âge ; son existence est sauvegardée ; il est incorporé dans la Société de secours mutuels, qui va désormais, conjointement avec les parents, veiller au soin de sa santé. Voici venir bientôt toutefois la période de la première éducation. Les enfants des classes populaires, qui ne trouvent à cet égard que des ressources à peu près nulles dans leurs familles, où les soucis de l'existence matérielle absorbent tout le temps et toutes les facultés, ont spécialement droit à la sollicitude publique. Là encore, en dehors des considérations privées, il y a un intérêt général de premier ordre. « C'est faire cause commune avec le diable, « s'écriait Martin Luther, dès les premières heures « de la Réforme, que d'attacher peu d'importance « aux écoles du peuple ! » Il y aura bientôt quatre siècles, Messieurs, que cette profonde et généreuse parole du véritable créateur de l'enseignement primaire en Allemagne éclatait à travers l'Europe, comme la protestation indignée de l'esprit de libre examen contre le despotisme de *l'ignorance obligatoire*, et qu'elle illuminait l'avenir d'un sillon de lumière aux clartés prophétiques. A elle seule elle explique bien des évolutions de peuples, bien des évènements historiques, dont il est superflu de rechercher ailleurs la véritable clef.

Hélas, Messieurs, pendant combien de temps n'ont-ils pas, dans notre malheureux pays, fait cause commune avec le diable, ceux qui étaient chargés de veiller aux grands intérêts du peuple ! Elle n'est pas bien loin de nous l'époque où les écoles populaires, dans nos villages, dans certaines villes même, offraient le plus piteux aspect. C'étaient des sortes d'étables, où l'hygiène était absolument méconnue, où le matériel pédagogique brillait par son absence, où les enfants grouillaient pêle-mêle, ânonnant tous ensemble des choses discordantes, incomprises..... et souvent incompréhensibles. Cet orchestre satanique était dirigé, la baguette à la main, par un pauvre hère, tremblant et défiant dans sa honteuse servitude, sous l'œil sévère et méprisant de puissances jalouses, hostiles à son émancipation et, en tout cas, fort peu soucieuses de sa dignité. Et combien de petites communes ne possédaient même pas, il y a quelques années à peine, cette étable scolaire française, dont le souvenir fait monter le rouge au front de tous les vrais patriotes.......

Or, pendant que nous perdions ainsi un temps précieux, d'autres nations nous devançaient diligemment dans la carrière. « Le peuple qui a « les meilleures écoles, disait, en 1865, M. Jules « Simon, est le premier peuple ; ou, s'il ne l'est « aujourd'hui, il le sera demain. » Ce n'était pas à nous, hélas ! que cet oracle pouvait s'appliquer au moment où il était prononcé ! On a prétendu, avec raison peut-être, que le maître d'école allemand avait gagné les batailles de Sadowa et de Sedan. Qu'on le veuille ou non, l'Allemagne possède, en effet, sur nous une avance de 40 ans, au point de vue de l'éducation populaire ; elle le doit surtout à une pléiade d'esprits, éminents et solides à la fois, tels que Coménius, le célèbre Morave, Hufeland, Spurzheim, Pestalozzi, Frœbel, qui ont renouvelé, de fond en comble les méthodes scolastiques et créé la pédagogie moderne, où ils ont su réserver toujours une très large place à l'éducation du corps, à côté de la culture de l'esprit. Mais ce que l'on ne dit pas assez, peut-être, c'est que c'est grâce à son remarquable outillage scolaire, à ses écoles réelles (Réalschulen), à ses nombreux instituts commerciaux et professionnels, que l'Allemagne, notre ennemie, a pu devenir, en moins de quatre ans, la troisième puissance coloniale de l'Europe, elle qui, avant 1884, ne possédait pas de colonies. C'est grâce à cette instruction variée, pratique, technique et positive, depuis longtemps répandue dans les couches profondes du peuple, que, *du jour au lendemain*, elle a pu profiter de sa nouvelle situation militaire et économique, et lancer, à la fois, sur tous les points du monde, une innombrable légion de jeunes hommes, instruits dans les diverses langues du globe et dans toutes les spécialités du professorat, du commerce et de l'industrie. C'est grâce aux mêmes causes qu'elle a pu créer, de toutes pièces pour ainsi dire, une marine marchande qui supplante la nôtre sur beaucoup de marchés lointains et qui porte déjà ombrage à celle de l'Angleterre, jusque-là maîtresse incontestée du fructueux empire des mers. Voilà ce qu'il faut dire, et l'on pourrait en ajouter long encore, à ceux qui nient les bienfaits de l'instruction, à ceux qui ne voient, dans le malaise général des affaires et dans leurs déboires personnels, que les effets de crises passagères, soumises uniquement aux fluctuations capricieuses du hasard et de la mode.

Si douloureuse que soit pour notre amour-propre national la constatation de tels faits, il est bon, il est sain de la faire. Il faut avoir le courage de regarder le danger en face. Le devoir de tous les citoyens éclairés est de remonter aux causes, et, s'il est possible, d'en faire profiter leur pays. Là, comme au lit du malade, un bon diagnostic est la qualité maîtresse, la condition indispensable d'un traitement rationnel et d'une guérison certaine.

Du reste, consolons-nous, Messieurs, l'Allemagne monarchique, *féodale*, militaire et *prussifiée* n'a pas sur nous tous les avantages. Cet empire puissant, ce peuple savant, ne recensent encore que des *sujets* : ils n'ont pas de citoyens. Il leur manque un bien suprême, que nous avons conquis, et qui, malgré ses écarts possibles, sera notre sauvegarde, il leur manque *la Liberté !* la liberté qui, chez nous, après quelques éclipses, il est vrai, s'apprête à célébrer, l'an prochain même, dans une immense et pacifique manifestation, son éclatant et glorieux *centenaire !*.... Sachons donc, Messieurs, nous servir sagement de la liberté pour acquérir ce dont nous sommes encore dépourvus et pour réparer les trous du manteau, dont nous drapions, trop fièrement jusqu'ici, notre dangereuse vanité.

N'est ce pas aussi, pour une grande partie, Messieurs, à la pratique, ancienne déjà, de la liberté, et à l'admirable développement de son enseignement populaire que la grande démocratie américaine doit cette prospérité inouïe, cette puissance extraordinaire de vitalité et d'accroissement qui, dans l'ordre économique, constituent à l'heure présente, une menace prochaine et terrible pour les *États-désunis* de la vieille et routinière Europe, dont les éléments divers semblent n'avoir d'autre souci que de s'entre-déchirer dans une lutte féroce, épuisante et insensée?

Sachez, Messieurs, que, depuis plus de 30 ans, il n'est pas aux Etats-Unis d'Amérique une seule école primaire, vous m'entendez bien, école *primaire*, où les enfants n'apprennent, en même temps que la langue nationale, *au moins une langue étrangère*, telle que l'allemand ou le français ; que l'astronomie élémentaire, l'histoire naturelle de l'homme, des animaux, des plantes et des minéraux, c'est-à-dire la création universelle qui nous entoure, y sont enseignées, dans leurs grandes lignes et leurs applications hygiéniques ou domestiques, non seulement aux jeunes garçons, mais plus spécialement encore aux jeunes filles ; que l'instruction y est gratuite *à tous les degrés* ; que le fils du plus pauvre citoyen peut y devenir médecin, administrateur, avocat, négociant, sans débourser un sou de frais scolaires; que les dépenses consacrées dans ce pays à l'éducation nationale atteignent presque le chiffre de notre budget de la guerre, et sont, en grande partie, fournies par l'initiative privée des citoyens. Dans cette grande République, où viennent se fondre et s'absorber les nationalités les plus diverses de l'ancien monde, les gens riches, en effet, rivalisent constamment entre eux d'émulation pour agrandir, par des largesses princières, le patrimoine intellectuel de la patrie. Ils ont l'intuition claire et patriotique que c'est de l'argent placé à gros intérêts. C'est en cela d'ailleurs que consistent les uniques parchemins, les seuls titres de noblesse de ces intelligents parvenus. C'est de cette louable et ingénieuse façon que les noms obscurs de ces brasseurs d'affaires, de ces gagneurs d'argent échappent à l'oubli de la tombe et passent à la postérité. Vous le constatez encore, rien ne se perd dans *l'énergie:* là elle se transforme en richesse, ici en éducation, en bienfaisance, en civilisation. Elle est vraiment la source éternelle où s'alimente le progrès.

Bien que nous ayons incontestablement marché, nous sommes loin d'en être là, Messieurs. Nous avons, du reste, à liquider un stock de générations ignorantes qui pèsent lourdement sur le présent : notre progression laisse encore beaucoup à désirer au point de vue relatif. Ne nous le dissimulons donc pas, à côté des effets de la dépopulation, dont je vous ai entretenus, il y a aussi, pour la France, une question de vie ou de mort dans cette grande cause de l'éducation nationale !

C'est la notion saisissante d'une telle situation et d'un tel danger qui s'est emparée des esprits les plus distingués de notre pays, à la suite de nos cruels désastres. On venait d'acquérir, par une sorte de révélation soudaine et tragique, la certitude que la patrie française était atteinte et menacée dans ses forces vives. « A ce moment, dit » M. Hippeau, tout citoyen honnête s'est senti » blessé dans son patriotisme, en voyant opposer » aux progrès accomplis chez les autres nations » dans l'enseignement populaire, l'état d'infé» riorité dans lequel languissait celui de son » pays » (1). Il y eut alors, dans presque toutes les classes de la société, comme une violente explosion du sentiment de *conservation nationale*. Il semblait que ce corps, si profondément anémié, réclamait, au plus tôt, la transfusion d'un sang généreux et nouveau. Les pouvoirs publics le comprirent et se mirent à l'œuvre avec vigueur. Il n'y avait pas une minute à perdre : la nécessité commandait ; la tâche était immense ; aucun

(1) Hippeau. — L'instruction publique en Allemagne.

sacrifice ne devait faire reculer. Quoi d'étonnant, dès lors, que tous les détails d'un pareil labeur n'aient point reçu une exécution absolument parfaite ? Le désir impatient de faire vite et complètement, de regagner promptement le temps perdu, a peut-être fait que l'ardeur déployée n'a pas été partout rigoureusement réglée. Il est possible qu'on ne se soit pas toujours rendu compte que d'autres pays avaient mis 40 ou 50 ans à produire, dans une paix féconde et tranquille, ce que l'on voulait, chez nous, au milieu de la lutte acharnée des partis, improviser en quelques années. Mais qu'il y a loin de cette fièvre salutaire et patriotique à la longue et coupable négligence qui l'a précédée ! Et combien sont faciles et faibles à la fois les critiques de ceux qui auraient pu éviter cette précipitation, presque obligée, en faisant, au moment opportun, et successivement ce qui, durant la même période, s'accomplissait ailleurs avec tout le loisir du calme et de la réflexion ! La reconnaissance publique ne s'y trompera pas toutefois : quand les passions aveugles auront désarmé, quand le temps aura corrigé les quelques imperfections de l'édifice, on ne manquera pas de rendre une justice éclatante à ceux qui l'ont construit. On leur saura gré d'avoir ressenti, d'une façon si vive, l'intensité du mal et de s'être appliqués, avec tant de bonne volonté, à créer le remède. L'histoire *impartiale* saura, de son côté, répartir équitablement le blâme et les louanges, et, j'en ai la ferme conviction, ces patriotes sagaces et dévoués n'ont pas à redouter son verdict.

Pardonnez-moi, Messieurs, une digression dont le seul but était de vous montrer que cette vaste question de l'éducation populaire ne touche pas seulement à vos intérêts les plus immédiats, mais qu'elle embrasse les intérêts les plus généraux de la patrie, qu'elle se lie étroitement à notre influence, que dis-je, *à notre existence* comme peuple civilisé.

Grâce à la lutte vaillamment soutenue par les hommes dont je parle, vous possédez donc aujourd'hui des instruments nécessaires pour donner à vos enfants une solide instruction, et vous seriez criminels envers eux et envers la patrie, de n'en point tirer tout le profit possible.

IV. L'ÉDUCATION PHYSIQUE

De l'ignorance envisagée dans ses rapports avec l'entretien de la santé et la conservation de la vie. — Les superstitions médicales. — Une instruction salubre et rationnelle. — La nouvelle hygiène de l'écolier français. — L'Académie de médecine et la Société française d'hygiène. — L'air ruminé. — Les poêles de fonte. — La propreté. — L'éclairage et la myopie. — La gymnastique. — Les exercices militaires. — Les jeux physiques. — La marche. — De l'éducation physique en Angleterre : ses conséquences sociales. — L'influence de Locke. — Des Sociétés d'excursionnistes en Allemagne et en Suisse. — L'instruction en plein air. — Le grand livre de la nature. — Réformes souhaitables. — Le club alpin. — Les voyages de vacances. — Les colonies scolaires. — L'époque et la durée des vacances. — La gymnastique des jeunes filles. — Le surmenage intellectuel. — La sédentarité scolaire. — Progrès réalisés. — Les châtiments corporels. — Le livre du Dr Delpech sur les premiers symptômes des maladies contagieuses. — De l'isolement des enfants atteints d'affections transmissibles. — De la physiologie de l'enfant dans ses rapports avec l'instruction. — Les intelligences trop précoces. — La mise au vert. — Le dosage intellectuel. — La psychologie infantile et l'éducation. — L'observation appliquée au développement graduel des facultés. — Importance de ces notions pour les éducateurs de la jeunesse. — Le catéchisme d'hygiène. — Son adoption... au Japon.

En me plaçant au point de vue que je veux surtout faire ressortir ici, et qui a le plus de rapports avec notre œuvre, le point de vue hygiénique, rien n'est plus utile, croyez-moi, que cette première et indispensable culture de l'esprit. Partout où l'homme est ignorant, il est misérable ; sa vie est constamment menacée. Là les erreurs les plus grossières, les préjugés les plus tenaces, en même temps qu'ils s'opposent à tout progrès, favorisent la destruction de l'espèce. Vous avez tous lu, l'an dernier, le récit humiliant de scènes barbares, qui se passèrent en Sicile et dans le sud de l'Italie, les parties les moins éclairées et les plus fanatisées de ce pays : une épidémie de choléra régnait dans ces contrées ; au début, les médecins voulurent lutter contre elle ; mais ils furent violemment maltraités et repoussés par ces populations ignorantes et abruties, *qui les accusaient d'être les auteurs de la maladie* ; force leur fut de renoncer à pénétrer dans de nombreuses localités infectées, où le microbe de la superstition sévissait au moins aussi fort que celui du mal asiatique. Plus récemment, en France même, dans l'un de ces départements de l'Ouest, qui sont encore marqués en noir sur la carte de l'instruction, la variole faisait de nombreuses victimes. Certains districts étaient complètement décimés. Les médecins conseillaient la vaccination ; mais elle était rejetée avec horreur, comme une invention diabolique. L'administration dût intervenir par des mesures rigoureuses, pour obliger ces malheureuses populations à la subir, *malgré elles*, dans le but de limiter enfin les ravages du fléau. A Sedan même, Messieurs, j'ai soigné ce printemps, dans une famille ouvrière deux fillettes, déjà assez âgées, qui n'avaient *jamais* été vaccinées : l'une d'elles mourut de la variole ; l'autre, atteinte du même mal, n'échappa qu'à grand'peine à la mort. De telles conséquences eussent pu être évitées si les parents, quelque temps auparavant, avaient tenu compte des avertissements de la publicité et avaient usé, pour leurs enfants, de la vaccination gratuite, publiquement mise à leur service par la municipalité et par le corps médical. De tels parents sont vraiment bien coupables !... Et pourtant, non, ils sont plutôt victimes de leur ignorance !... Tant que le cerveau humain n'a pas au moins reçu la primitive culture que je réclame, il demeure rebelle à l'introduction des idées les plus claires et les plus utiles. C'est qu'il est encore peuplé d'un chaos de notions fausses, reliquat des erreurs du passé, transmises par la tradition, régnant en souveraines dans ce domaine embroussaillé, et s'opposant énergiquement à la pénétration de la vérité. Quelles qu'en soient les origines, les erreurs sont, en effet, étroitement solidaires, et c'est de leur souche commune qu'émergent tous les fanatismes.

« L'homme est de glace aux vérités,
Il est de feu pour le mensonge. »

a dit un poète.

Croyez-vous, Messieurs, qu'à présent encore, nous n'ayons pas de rudes et fréquents combats à soutenir, nous autres médecins, quand il nous faut lutter contre le lait répandu, les envies, la dent de l'œil, les glaires, l'humeur en mouvement, la bile recuite, le sang tourné, la douleur qui voyage, le grand échauffement, la luette décrochée, le nerf soulevé, le mal de saint, l'emploi de la carotte contre la jaunisse, l'usage des cordons merveilleux contre les convulsions, de la chair fraîche contre le cancer, et des sachets de pattes de taupe contre le mal de dents ? Parlerai-je de la croyance aux rebouteurs, de la foi aux sorciers, aux exorcismes, aux possesseurs de secrets et aux somnambules ? Ajoutez-y l'influence cabalistique du vendredi, du nombre 13, du chiffre 9, la puissance incontestée de la lune, sans compter celle des comètes, mille autres folies encore qui ne valent guère mieux, et vous jugerez de la difficulté que nous devons éprouver à introduire dans une cervelle ainsi hantée la moindre vérité hygiénique ou médicale. Tout cela est respectable, tout cela est sacré ! Aussi est-il bien rare, croyez-le, que nous ne soyons pas mis en échec, voire même en complète déroute, par cette vénérable armée, survivance, si lente à s'éteindre, des conceptions erronées ou baroques qui ont pu régner dans le passé.

L'un des premiers bienfaits de l'instruction, j'entends d'une instruction *salubre et rationnelle*, car beaucoup de gens du monde n'échappent pas non plus au despotisme de telles erreurs, sera précisément de déblayer les esprits de toutes ces scories qui les encombrent, et d'en ouvrir enfin l'accès aux vérités pratiques, conquises pied à pied par la Science, pour le bien de l'Humanité.

On ne reviendra jamais trop souvent sur cette question, car elle a une importance capitale : « On » se plaint que je me répète, disait Voltaire, je me » répéterai jusqu'à ce qu'on se corrige. »

En attendant toutefois que l'évolution souhaitée s'opère, et cela se fait un peu tous les jours, les plus louables efforts sont tentés, sur divers points, pour améliorer, le plus possible, l'hygiène de l'écolier français. L'Académie de médecine en particulier, plusieurs autres sociétés savantes, de leur côté, se sont attelées à la besogne, et, grâce à certaines administrations intelligentes, on voit déjà passer, dans la pratique scolaire, les plus salutaires réformes.

La science a montré récemment que l'air confiné, en général, et celui des classes en particulier, l'air *ruminé*, suivant une expression aussi juste que pittoresque, renferme un poison spécial, dont l'absorption produit l'anémie et d'autres états maladifs. L'oxyde de carbone, qui s'exhale de certains poêles, communique aussi à l'air scolaire des qualités fort nuisibles. La malpropreté du corps et des vêtements, chez les enfants réunis, concourt aux mêmes résultats. On en a conclu avec raison qu'il fallait donner aux classes une moindre durée, les couper par des récréations fréquentes, et, pendant ce temps, aérer largement les locaux. Dans le même but je voudrais que les instituteurs et institutrices fussent plus sévères qu'ils ne le sont pour la propreté des enfants, cette habitude si peu coûteuse, si facile à prendre, et si agréable qu'on ne peut plus s'en défaire une fois qu'on la contractée.

On a constaté aussi que la lumière, mal distribuée, produit la *myopie*. Dans un rapport à l'Académie, le docteur Dally a montré récemment qu'un éclairage insuffisant ou défectueux, un mobilier scolaire mal proportionné à la stature de l'enfant, des méthodes d'écriture incompatibles avec une bonne attitude de l'écrivain, enfin l'enseignement prématuré de l'écriture et l'emploi de livres imprimés trop fins, étaient les causes habituelles de la myopie scolaire, et parfois des déviations de la taille, chez beaucoup d'enfants. C'est surtout dans les écoles de la bourgeoisie que ces résultats ont été observés. « Les lycées, dit avec raison le Dr Fonssagrives, sont des fabriques de myopes. »

L'importance donnée à la gymnastique n'est pas faite non plus pour nous attrister. « J'aime mieux » exiger d'un enfant cinq pieds de haut que du » jugement à dix ans » écrivait Jean-Jacques Rousseau. Notez bien que, dans la gymnastique, je fais rentrer les exercices militaires, les divers modes de sport, *les jeux physiques, trop souvent négligés*, et *la marche* que les étrangers, bien mieux que nous, savent rendre, de bonne heure, familière aux jeunes gens.

Toutefois la sagesse est encore de mise en cette matière : « C'est surtout chez les jeunes » enfants, dit le Dr Leven, dont les centres nerveux » ont tant de délicatesse et tant de susceptibilité, » qu'il faut craindre les *excès* musculaires ; les » jeunes mères inexpérimentées se croient obligées » de promener chaque jour de jeunes enfants *de* » *longues heures* ; souvent ceux-ci sont pris de » fièvre et de troubles digestifs, de courbature, » qui sont l'expression des désordres des centres » nerveux. » Là encore le précepte, hygiénique par excellence : « *Il faut user et non abuser* », trouve l'une de ses plus claires applications. C'est donc bien de l'usage et non de l'abus qu'il s'agit ici.

Ayant eu l'occasion de visiter certaines parties de la Suisse, de l'Allemagne et de l'Angleterre, j'ai été frappé, Messieurs, de l'infériorité physique de nos écoliers, principalement au point de vue des jeux qui, tout en récréant, sont susceptibles de développer l'adresse, la force, la grâce et le courage. En Angleterre surtout, jusque dans les moindres écoles, et dans tous les rangs sociaux, on obtient d'admirables résultats, avec des exercices attrayants et variés, dont les balles, les boules et les raquettes font tous les frais. Sans parler du canotage, si heureusement cultivé par les jeunes anglais, et même les jeunes anglaises, de toute catégorie, c'est plaisir de voir, dans les parcs, ainsi qu'aux environs de Londres et de toutes les villes du Royaume-Uni, ces troupes d'écoliers, d'ouvriers et d'employés qui, dès qu'ils ont un petit congé, vont, dans des joûtes salutaires, en costumes commodes et gracieux, secouer les miasmes de leurs écoles, de leurs ateliers ou de leurs bureaux. C'est ainsi qu'ils vivifient leur fibre musculaire qu'atrophierait l'existence sédentaire. Le plus remarquable, c'est que ce goût d'agréables exercices, contracté dès l'enfance, ne s'éteint pas avec l'âge : vous voyez des hommes de soixante ans, des membres du Parlement même, manier la balle avec un entrain et une vigueur étonnante ! Rien n'est plus efficace, selon moi, pour entretenir dans tous les organes une jeunesse relative et prémunir l'homme contre la *sénilité précoce*, si fréquente dans la plupart de nos villes françaises.

De telles habitudes ont des conséquences bien plus importantes encore. En disciplinant les forces de l'individu, en stimulant son courage, son énergie, son audace, sa fierté, ses aptitudes et son alacrité pour la lutte, elles étendent forcément de telles qualités à la nation. Croyez bien qu'une semblable éducation n'est point étrangère au vigoureux esprit d'initiative et d'entreprise qui distingue la race anglaise. Croyez bien que c'est, en grande partie, à cet entraînement physique, poursuivi avec persévérance, depuis fort longtemps, que cette nation, dont la population n'est pas très considérable, doit d'avoir pu étendre sa puissance sur tous les points du globle ; fonder des Etats énormes, aujourd'hui émancipés, tels que la grande République américaine (1) ; coloniser de vastes territoires comme l'Inde, et des continents

(1) Il y a sans doute fort peu de Sedanais qui sachent que l'immense et commerçante cité de New-York a été fondée par un ancien habitant de Sedan : Jesse de Forest, probablement né à Avesnes, se maria en 1601 à Sedan, avec Maria Du Clou, fille de Nicaise du Clou. Il était encore à Sedan en 1608. En 1615 il partit pour Leede ; et, en mai 1621 ou 23 il s'embarqua pour l'Amérique où il fut *le chef* des premiers colons qui fondèrent New-York, appelee alors *New-Amsterdam*. On sait que New-York, qui comptait seulement 4.302 habitants en 1697, tomba au pouvoir des Anglais en 1664, et fut prise en 1783 par les Américains, qui l'ont toujours conservée depuis et en ont fait l'une des villes les plus importantes du globe. — Ce résultat indique chez le fondateur une grande sûreté de coup d'œil et une vraie prescience de l'avenir.

immenses comme l'Australie ; qu'elle doit, en résumé, d'avoir pu maintenir, jusqu'à l'heure actuelle, sous sa domination, près de deux cents millions d'êtres humains !... Vous voyez qu'une *éducation* populaire bien entendue est le meilleur moyen d'ouvrir des débouchés au commerce et à l'industrie et de créer des sources incalculables de richesses.

Or, admirez la vertu providentielle de certains initiateurs ! C'est à un éducateur, à un philosophe, à l'illustre Locke, que l'Angleterre doit en partie ce grandiose essor. C'est lui qui a prêché, avec insistance, l'importance des exercices physiques dans le développement de l'individu et dans celui de la race. A deux siècles de distance, on retrouve encore l'empreinte de sa griffe puissante dans les mœurs, les habitudes et les usages de l'Angleterre contemporaine.

En Allemagne et en Suisse, le sport est peut-être moins en honneur qu'en Angleterre, mais *la marche* est cultivée avec le plus grand soin. C'estpar milliers que l'on rencontre, dans la belle saison, à travers bois et montagnes, les Sociétés d'excursionnistes des deux sexes. A l'agrément de telles distractions ceux-ci savent joindre un côté utile, *l'instruction en plein air*. Les arbres et les plantes servent à l'enseignement de la botanique, dont les livres ne devraient jamais commencer, mais terminer l'étude. Combien de notions utiles à puiser dans la connaissance des plantes qui guérissent et des plantes qui tuent, de celles qui servent à l'alimentation ou à l'industrie ! Quelle mine féconde d'idées littéraires, poétiques, historiques, hygiénistes, industrielles, peut fournir, par exemple, la contemplation d'un chêne, ce roi des forêts, l'arbre sacré des Druides et de nos premiers ancêtres ! Avec la description d'un morceau de craie Huxcley trouve le moyen de parcourir tout le domaine des sciences naturelles: avec un simple grain de blé, un maître intelligent peut donner à ses élèves mille renseignements pratiques sur l'agriculture, le négoce, la distribution géographique des productions, les transports, les échanges, les traités de commerce, les douanes, la monnaie, le change, etc... Au milieu des bois, sur le bord de l'eau, les oiseaux, les poissons, les papillons, les insectes, tous les animaux utiles ou nuisibles, fournissent l'occasion d'apprendre pratiquement et utilement la zoologie. Quoi de plus instructif que l'observation de ces intéressantes républiques de fourmis, de castors ou d'abeilles ? Et comme la Sociologie peut découler immédiatement de l'étude attentive de toutes ces petites bêtes ! Quelle mine inépuisable de déductions lumineuses dans les diverses phases d'évolution de certains animaux ! Les tranchées d'une voie ferrée, la visite d'une carrière ou d'une mine, permettent, à leur tour, d'expliquer *de visu*, les modifications de l'écorce terrestre, les fossiles, ou existences végétales et animales des anciens âges, c'est-à-dire la géologie et la minéralogie, avec toutes ses applications industrielles ou artistiques. L'air, l'eau, la glace, la neige, la rosée, le nuage, le brouillard, l'arc-en-ciel, la foudre, l'atmosphère, le soleil, la lune, l'étoile filante, la comète, procurent le thème de mille développements intéressants sur la physique, la chimie et l'astronomie. Les fleuves, les rivières, les montagnes, les routes, les canaux, les lignes ferrées, la situation des villes et des villages, conduisent à des notions pratiques de géographie, au maniement des cartes, aux éléments de la stratégie. Là un château en ruines, une croix, une pierre tumulaire, une inscription, un ancien champ de bataille, les vestiges d'un camp retranché, fournissent, sur place, la matière d'un cours d'histoire. Comme les instituteurs pourraient facilement ainsi faire aimer et connaître aux enfants tous les moindres détails des localités qu'ils habitent !

Ce joli moulin qui fait un si gracieux effet au fond de la vallée, avec sa chute d'eau, sa grande roue, ses transmissions, ses engrenages, va permettre au professeur de faire, en quelques mots, à ses élèves, une leçon frappante de mécanique et d'industrie. A leur sortie du moulin, il leur montrera aussi qu'aujourd'hui, grâce à l'électricité, avec un simple appareil et un fil conducteur, la force de cette chûte d'eau, d'un accès difficile, peut être transportée sur la montagne voisine et activer une scierie, une forge, ou toute autre usine, au milieu même des matières premières, qui exigeaient auparavant un coûteux transport.

L'hygiène et tous les arts domestiques peuvent aussi se déduire de l'observation et de l'étude expérimentale de la nature.

La formation du goût, la culture du dessin et de la peinture, les conceptions artistiques les plus grandioses, par les oppositions de lignes, de tons et de lumière, peuvent également se puiser à cette source intarissable.

Quelles sublimes leçons aussi sur la puissance des nombres, sur les grandes lignes de la géométrie, sur la plus haute philosophie, dans la contemplation et l'explication des astres et des espaces infinis, comme dans celles du monde microscopique et moléculaire !

Quels bons et salutaires exercices de littérature,

quelle merveilleuse gymnastique pour l'esprit, de rendre ensuite un compte exact et méthodique de tout ce que l'on a vu et observé ? La poésie, la couleur, la clarté, le jugement, la raison, peuvent alors se donner carrière, selon les aptitudes particulières de chacun. Nul exercice n'est plus apte à révéler l'originalité de l'élève, et à différencier les caractères, classement qu'il importe tant aux maîtres de faire.

Quelle agréable leçon de morale, quelle jolie description de la vie et des devoirs de la famille on peut faire autour d'un nid, où les petits oiseaux tendent le bec à la pitance paternelle ! Quels exemples de sage prévoyance dans les provisions d'hiver du loir et d'autres animaux !

Il n'y a pas jusqu'aux langues vivantes elles-mêmes qui ne puissent tirer parti de cette fréquentation de la nature : dix noms de *choses vues*, prononcés chaque jour, en trois langues différentes et répétés en toute occasion, formeraient bientôt un vocable étendu. La grammaire, la syntaxe, l'analyse, les abstractions viendraient ensuite : on met trop souvent la charrue devant les bœufs.

Tout se trouve donc dans le grand livre de la nature pour quiconque sait y lire. Voilà la vraie discipline de l'esprit, celle qui fait à la fois l'éducation des sens et l'éducation de l'intelligence ! Ce qui pénètre ainsi, *par les faits*, et sans fatigue, dans le cerveau d'un enfant, en se jouant au milieu des beautés naturelles, *ne s'en effacera plus*.

Qu'il y a donc loin de cette méthode agréable et fertile à ces stériles et fastidieux exercices de mémoire, à ces chinoiseries grammaticales, à ces classifications barbares, inutiles, interminables, horripilantes, dont, préalablement à toute autre notion, on abîme chez nous la tête des enfants, même des petites filles ! On dirait qu'on s'ingénie à leur inspirer un dégoût profond, une horreur invincible pour ces études aimables, gracieuses et captivantes, qui devraient, dans les mains d'hommes capables, former *la base réelle et substantielle de leur première éducation.*

C'est cet ensemble intéressant qu'avaient entrevu déjà Coménius, Rousseaux, Spurzheim, Frœbel, Pestalozzi. C'est dans une telle méthode qu'il faut aller puiser les règles de la future discipline des jeunes esprits. S'il est évident qu'un tel mode de culture ne peut être employé *exclusivement* dans l'éducation collective, il faut au moins qu'il y obtienne une place chaque jour plus importante ; car il n'en est pas qui s'adapte mieux aux instincts naturels de l'enfant ni au développement graduel de ses facultés. Et, dans le moment présent, je ne suis pas seul à penser ainsi.

Pas plus tard qu'hier je lisais, sous la signature de M. Emile Blanchard, les lignes suivantes, dans le dernier n° de la *Revue des deux Mondes* (1) : « Parmi les hommes, la diversité dans les aptitu- « des, dans les goûts, dans les sentiments est « prodigieuse. Cette diversité se manifeste, plus « ou moins, dès la première enfance. Il convient « donc, pour arrêter les programmes d'instruction « et déterminer les conditions de l'enseignement, « d'avoir en vue cette diversité et de songer aux « moyens les plus propres à servir le plus grand « nombre. Or, il n'est guère douteux que, si une « expérience comparative était réalisée, on arri- « verait à reconnaître que *l'étude de la nature* « *vivante est, de toutes les études, celle qui trouve*

(1) N° du 15 Mai 1888.

« *le mieux son chemin à travers les intelligences* « *diverses, et qui, en général, prépare l'esprit,* « *de la manière la plus efficace, pour tous les* « *genres d'occupations* ».

Nul système d'instruction et d'éducation n'est plus séduisant et plus productif, en effet. La santé, par surcroît, y trouve largement son profit. Aussi, en Allemagne et en Suisse, les plus humbles écoles mettent-elles fréquemment au service de leurs élèves ces intelligentes distractions, auxquelles les maîtres se font un vrai plaisir de prendre part, en aimables et joyeux compagnons.

Chez nous on commence seulement, avec beaucoup de timidité encore, à entrer dans cette voie où nos voisins cheminent, pleins d'aisance, depuis près d'un siècle (1). *Le club alpin* et quelques autres Sociétés ont ouvert la marche ; mais il y a peu d'élus. Nos lycées et collèges font, à la galope, vers la fin de l'année scolaire, quelques promenades de ce genre ; mais il semble que la foi n'y soit pas encore ; tous ces essais sont superficiels, hâblés et finalement peu profitables ; on sent bien que l'on a voulu imiter ; mais le temps, la conviction et la méthode font encore défaut. Les caisses municipales des écoles de plusieurs arrondissements de Paris viennent de chercher à rendre ce rare bienfait plus populaire en organisant, pour les meilleurs élèves des établissements communaux, des *voyages de vacances*. Une autre innovation, très appréciée aussi, est celle des *colonies scolaires*, soit au bord de la mer, soit dans la

(1) On doit pourtant signaler, comme type de remarquable initiative, M. Froville, instituteur à Epinay (Seine-et-Oise) qui a fait aimer l'histoire naturelle dans son village — Ses élèves ont formée entre eux une Société protectrice des petits oiseaux et de tous les animaux utiles ou inoffensifs. Cet honorable instituteur a distribué des collections à diverses écoles. Il a maintenant des imitateurs. — (*E Blanchard loc. cit.*)

montagne : Ces colonies sont surtout destinées aux enfants les plus débiles, que l'on veut fortifier, et dont le triage est préalablement soumis à un contrôle médical. Les résultats obtenus sont, du reste excellents. Toutefois ce ne sont là que des efforts isolés et un luxe qu'on ne peut se permettre partout. Espérons pourtant que les municipalités et les départements sauront trouver des ressources pour cet usage, lorsqu'il sera enfin démontré que l'espèce humaine mérite au moins autant d'intérêt que la race bovine, dont je ne veux point médire pourtant.

Comme corollaire à ce vœu, s'il m'était permis, en qualité d'hygiéniste, d'en formuler un autre, je demanderais que, pour nos écoles communales, et aussi pour nos lycées, la distribution des vacances dans le cours de l'année fût modifiée. Je demanderais surtout que, *du 20 Juin au 20 Août*, élèves et maîtres fussent mis en liberté. Rien de plus contraire à la santé des uns et des autres, que le travail forcé pendant cette période des plus grandes chaleurs. Rien de plus propice non plus à l'éclosion de la fièvre typhoïde que cette surexcitation des examens et des concours, placés précisément au moment pénible des mouvements caniculaires. C'est aussi dans le même temps que la plupart des cures thermales, dont les maîtres surtout ont souvent besoin, peuvent s'effectuer avec le plus de succès. Une remarque analogue s'applique aux cures maritimes et aux cures d'altitude. Mais la sainte routine est là qui veille : Ce ne sera pas demain, soyez-en sûrs, que vous verrez appliquer une réforme aussi raisonnable. Plus un usage est absurde, plus la routine s'obstine à le perpétuer. Dans les hautes sphères aussi, l'hygiène aurait vraiment besoin de rafraîchir et d'aérer les cerveaux, d'en expulser les moisissures!

Cette place plus large accordée *aux jeux* et à *la marche* dans la vie de la jeunesse scolaire ne restreindra pas, du reste, l'importance de la gymnastique. Appliquée aux jeunes filles particulièrement, une gymnastique, *soigneusement réglée*, peut avoir les plus favorables résultats. « La force « et la santé de l'esprit, dit Fonssagrives, suivront « la santé et la force du corps. L'exercice, en « dépurant l'organisme, recréera le cerveau. La « mélancolie disparaîtra, ainsi que cette exquise « sensibilité, ces perpétuels maux de nerfs, qui « empoisonnent l'existence de la femme. Le moral « deviendra chez elle tranquille et harmonique. « Le tempérament nerveux se modifiera par la « diversion heureuse que la gymnastique apporte « à l'émotivité; de plus, l'habitude des exercices « du corps restreindra l'impressionnabilité du « sexe féminin devant les dangers. »

Mais il ne faut pas croire que ces avantages soient simplement individuels, bientôt ils s'étendent à la race. « D'abord immédiats et passagers, « dit encore Fonssagrives, les effets de la gym- « nastique se transforment peu à peu, par la force « de l'habitude, en conquête organique définitive. « Ces conquêtes se transmettent à la descendance « par l'hérédité. La gymnastique est donc littéra- « lement un moyen d'exaltation pour les forces « d'un pays. »

Tout dernièrement, l'Académie de Médecine a vu naître dans son sein un brillant débat sur les effets malfaisants du surmenage intellectuel des enfants, et sur les inconvénients de leur immobilité trop prolongée. « Les effets de ce système de culture « forcée, avait déjà dit, avec beaucoup de sens,

« l'anglais Herbert Spencer, sont plus mauvais « encore chez les femmes que chez les hommes. « Comme les petites filles sont presque entièrement « privées de ces vigoureux et agréables exercices « corporels qui, chez les garçons, mitigent les « inconvénients du trop d'étude, elles éprouvent « ces effets dans toute leur intensité ». Vous pouvez être convaincus, Messieurs, que la voix si autorisée de l'académie, sur le même sujet, sera écoutée, et que bientôt il sera fait droit à ses réclamations.

Effectivement, toutes ces judicieuses observations des savants portent déjà leurs fruits dans l'application. « Les locaux de nos écoles s'agran- « dissent, dit le Docteur Monin, l'air en est moins « impur, le chauffage et la ventilation sont plus « en rapport avec les données de la Science. Les « exercices du corps et les jeux de toute espèce « sont encouragés ; l'enseignement de la gymnas- « tique devient obligatoire, même pour les jeunes « filles ; enfin, les châtiments corporels, reliquat « ultime de la nuit du Moyen-Age et des pratiques « de l'Inquisition, disparaissent tous les jours de « nos écoles publiques ».

Déjà Montaigne, notre vieux et cher Montaigne, s'élevait avec vigueur contre les châtiments corporels : « Je n'ai vu, dit-il, d'autre effet aux « verges, sinon de rendre les âmes plus lâches ou « plus malicieusement opiniâtres ».

Ne trouvez pas mauvais non plus, Messieurs, que je vous signale certaines mesures sanitaires, appliquées déjà dans les écoles municipales de Paris, mesures dont je voudrais voir la généralisation s'effectuer, car elle pourrait produire les plus heureuses conséquences, au point de vue de la propagation des maladies contagieuses. Sur la demande de M. Hérold, alors préfet de la Seine, M. le Dr Delpech a rédigé, il y a quelques années à peine, un manuel, clair et précis, qui relate soigneusement *les premiers symptômes* des maladies contagieuses que les enfants peuvent contracter.

Entre autres excellentes précautions, il recommande expressément de séparer de ses condisciples tout enfant atteint de fièvre.

Il décrit les symptômes principaux qui font reconnaître la dyssenterie, la fièvre typhoïde, l'angine couenneuse, le croup, la coqueluche, la rougeole, la scarlatine, la variole, les ophtalmies, la gale et les teignes.

Une bonne pratique aussi qu'il recommande serait d'examiner la gorge *de tous les enfants* quotidiennement, dès que l'on signale l'apparition de la diphtérite (croup, angine couenneuse) et de renvoyer immédiatement dans sa famille tout enfant dont la gorge présenterait une apparence suspecte.

Ce petit livre devrait être dans les mains de tous les instituteurs et de toutes les institutrices. Il eut pu, en ce qui touche notre ville, rendre de réels services, lors de la dernière épidémie de rougeole, dont l'intensité a été si grande, et qui s'est propagée principalement par l'intermédiaire des écoles.

Dans le même ordre d'idées, une autre question très importante aussi, qui a été posée par M. Ferry, alors ministre de l'Instruction publique, à l'Académie de Médecine est celle-ci : « Combien de « temps un élève atteint d'une maladie contagi- « euse doit-il être isolé, c'est-à-dire éloigné de ses « camarades, jusqu'à ce que tout danger de conta-

« gion ait disparu ». L'Académie a répondu, et les mesures qu'elle a recommandées devraient être appliquées, plus rigoureusement qu'elles ne le sont, dans toutes les écoles de la République.

De bons ouvrages aussi, qui commencent seulement à pénétrer dans la pédagogie moderne, sont ceux qui se rapportent à l'étude du développement graduel des facultés chez l'enfant, à celle de l'héridité des habitudes et des dispositions individuelles, à celle des diverses crises par lesquelles passe l'élève, selon les périodes de dentition, de croissance, de puberté. On ne peut nier, en effet, l'influence prépondérante exercée, par cet ordre de causes, sur sa santé, son caractère, sa volonté, son intelligence, sa moralité, son travail et sa responsabilité.

D'une façon générale, il faut éviter de demander à un enfant plus qu'il ne peut fournir. « Il y « a, dit Herbert Spencer, un ordre et une mesure « donnée, dans lesquelles les facultés se développent. Si les cours d'études suivent cet ordre et « cette mesure, c'est fort bien ; mais si, par un « excès de culture, l'intelligence est amenée à un « développement plus grand qu'il ne doit être à « un certain âge, l'avantage anormal obtenu sera « immédiatement suivi d'un désavantage équivalent, ou plus qu'équivalent »

A ce propos, et comme médecin, permettez-moi, Mesdames et Messieurs, de vous donner un utile conseil. C'est de vous tenir soigneusement en garde vis-à-vis des enfants dont l'intelligence est *trop précoce*. En ce temps d'examens, de certificats, de concours et de brevets, créés principalement pour stimuler l'émulation des élèves et des maîtres, les éducateurs de la jeunesse ne tiennent peut-être pas toujours un compte suffisant de cette mesure de prudence. Il est vrai que la sotte vanité des parents les incite souvent à faire fausse route. Pour mon compte, j'envisage toujours avec défiance l'avenir physique de ces enfants très jeunes, dont les parents ravis me disent, dans un accès de naïf orgueil : « *Il apprend tout ce qu'il veut !* ». Trop fréquemment ces natures là sont des proies désignées pour la tuberculose, et principalement pour la méningite. Je vous en supplie, Messieurs, n'imitez pas ce père de famille dont on me parlait et qui, après chaque composition, était obligé de mettre au lit son fils, un petit prodige sans doute, en lui appliquant, sur la tête, des compresses d'eau glacée. De tels enfants, s'ils ne meurent prématurément, seront à 20 ans des hébêtés, des petits vieux ou des fruits secs. Ce qu'il faudrait à ces organisations hâtives, c'est, au contraire, d'être « *mises au vert* » ; c'est de développer d'abord leurs muscles et leurs os ; on aura toujours le temps de donner carrière à leur intelligence. « Dans notre siècle, disait le Dr Marchal de Calvi, « le muscle s'en va et le système nerveux est « surmené ». Combien de parents, Messieurs, ont eu à se repentir cruellement de leur aveuglement à ce sujet !.....

Il y a évidemment une méthode à apporter dans cette direction intellectuelle de l'enfance : « De même que l'organisme, pour se développer, « dit encore le Dr Leven, a besoin d'un certain « ordre d'aliments et doit en éviter certains ; de « même, l'esprit appelle un certain ordre de « connaissances proportionné à l'âge, à la puis- « sance de réceptivité cérébrale : si la quantité, « l'espèce d'aliments sont mal donnés, si la somme « de science enseignée n'est pas en rapport avec « l'âge, la capacité du cerveau ; si les exercices

« physiques sont insuffisants ou exagérés, tout « l'organisme souffre, l'éducation est défectueuse, « le système nerveux devient malade, la vie sera « traversée par des maladies sans nombre qui la « rendent misérable et interrompue avant l'heure »

Quand les éducateurs de la jeunesse seront plus familiarisés avec toutes ces notions, ils comprendront mieux *les vrais secrets* de leur art si difficile, et ne commettront plus, dans la direction donnée à l'enfance, les fautes graves que l'on constate encore fréquemment, soit dans l'éducation privée, soit dans l'éducation publique.

Au commencement de ce siècle le Dr Richerand, formulait un désir, qui est bien près de se réaliser et qui aura la meilleure influence sur les méthodes d'éducation. « Personne, à ma connaissance, « n'a songé, disait-il, à prendre un enfant, au « sortir du sein de sa mère, et à faire l'histoire « des progrès de son intelligence, en notant, avec « une exactitude scrupuleuse, et jour par jour, « tous les accroissements observables ».

De divers côtés, Messieurs, cette œuvre d'observations perspicaces et patientes s'élabore. Déjà d'importants travaux ont paru sur la question. Une fois engagés dans cette voie, les pédagogues multiplieront autour d'eux les investigations. Bientôt tous les matériaux de ces recherches, réunis et condensés, permettront d'établir sur des assises plus solides, les règles d'une pédagogie scientifique et rationnelle, les préceptes d'une véritable hygiène intellectuelle, qui seront pour l'esprit ce que les lois de l'hygiène physique sont pour le corps. L'utilité incontestable de telles observations, qui ne peuvent bien se faire que dans l'intimité et la continuité de la vie de famille, aura sûrement pour résultat de constituer, de plus en plus, dans le *célibat* une condition d'infériorité pour les éducateurs de la jeunesse, à quelque sexe qu'ils appartiennent.

A propos de cette hygiène du corps, dont j'ai voulu surtout vous entretenir, permettez-moi, avant de clore cette longue conférence, d'exprimer encore un souhait. C'est que bientôt tous les élèves des écoles communales, tous les membres des Sociétés de secours mutuels, et même tous nos soldats, puissent posséder un petit traité, clair et bien résumé, des principes fondamentaux de cette science, qu'ils porteront avec eux comme un viatique, et qui ne les quittera pas. Il y a quelques jours à peine je lisais qu'au Japon, j'ai dit *au Japon*, le ministre de la guerre vient d'exiger que chaque soldat ait, dans son sac, *un catéchisme d'hygiène*, rédigé en formules courtes et précises, qu'il doit connaître et réciter comme il récite sa *théorie*. Vous voyez que mon idée n'est pas irréalisable. Elle l'eut été peut-être, il y a quelques années, puisqu'un grand nombre de nos conscrits savaient à peine lire. Heureusement n'en est-il plus ainsi aujourd'hui. Je suis humilié toutefois, dans ma fierté nationale, de voir une idée que je vous indiquais l'année dernière, sans la préciser autant, appliquée déjà aux confins de l'extrême Orient chez des peuples que nous nous plaisons à croire inférieurs à nous et qui, vous le voyez, nous devancent parfois sur la route du progrès. Cela devrait au moins stimuler notre amour-propre ! « L'utopie du matin, a dit un philosophe, devient « souvent la découverte du soir, l'application « pratique du lendemain, la vie de l'avenir ».

V. L'ÉDUCATION MORALE

L'éducation populaire est l'un des chapitres importants de la question sociale. — Réformes à apporter dans l'éducation de la bourgeoisie. — Nécessité d'une nouvelle orientation. — Le rôle de la famille et de l'instituteur dans l'éducation morale des enfants du peuple. — L'enfant gâté. — Les bonnes et les mauvaises habitudes. — Il faut aguerrir l'enfant. — La formation *de caractères*. — L'esprit moutonnier, le fonctionnarisme, la bureaucratie. — L'action. — La personnalité humaine. — *Connais-toi toi-même*. — De l'éducation de la femme : Nécessité d'une réforme profonde. — Le métier et l'apprentissage. — Le savoir professionnel. — L'éducation domestique de la jeune ouvrière. — Les idées d'épargne et de solidarité. — L'argent n'est point tout en ce monde. — Développement de la conscience. — L'exploitation du mariage. — *La bonté* dans ses rapports avec la famille et la Société. — Le dévouement à la chose publique. — L'amour de la liberté et de la patrie. — Le relèvement de la France.

L'exposé que je viens de vous présenter vous montre, Messieurs, *qu'en aucun temps*, dans notre pays du moins, les hommes de science et les pouvoirs publics eux-mêmes, n'ont montré plus de sollicitude pour l'éducation, physique et morale des enfants du peuple. On le doit à la progression naturelle des idées, et peut-être aussi à la forte poussée du suffrage universel qui, malgré certains défauts, a bien aussi quelques qualités : avant qu'il pût *librement* s'exercer, l'inertie la plus grande régnait en réalité dans ce domaine. Or il est temps, selon moi, que tout le monde mette la main à la pâte, même ceux qui croient pouvoir le plus s'en désintéresser.

Toutes les grandes questions de ce genre se tiennent, en effet, en un faisceau unique qui compose la *question sociale*. Dans un ouvrage publié récemment, ouvrage aussi modéré de forme que de fonds, et où il est traité des réformes urgentes et profondes que réclame spécialement l'éducation de la bourgeoisie (1) l'auteur termine son œuvre par cet appel éloquent que les intéressés feront

(1) *L'éducation de la bourgeoisie sous la République*, par Ed Maneuvrier.

bien de méditer : « Tant qu'il y aura dans une « société des misérables, des hommes qui vou- « draient vivre en travaillant et ne le peuvent ; « des enfants voués au vagabondage ; des femmes « fatalement promises au vice ; des vieillards « usés par le métier et qui meurent de faim ; tant « que cette troupe de faméliques et de souffrants « formera la masse profonde de la nation, il y « aura une question sociale. Tous ces déshérités « s'agiteront sans cesse sur leur lit de douleur : « ils seront *l'instrument et la proie* du tribun « exalté, du fou, de l'ambitieux qui leur promet- « tra la fin de leurs maux et les conviera à créer, « par le fer ou par le feu, un ordre nouveau où « ils seront les maîtres à leur tour. Et tout ce qui « distingue, extérieurement au moins, notre « organisation sociale de l'état de barbarie, l'ordre « public, la propriété individuelle, l'indépendance « nationale, la paix, l'industrie, le commerce, le « crédit, toutes ces précieuses et fragiles conquê- « tes de la civilisation, seront précaires, boîteuses « et mal assurées....

« Le péril est donc grand. Selon nous, il n'y a « qu'un moyen de le conjurer : élevons bien, « élevons mieux les enfants qui seront nos « maîtres. A cette armée de la démocratie, prépa- « rons des chefs respectés et respectables, qui ne « tiennent leurs grades ni de la faveur, ni de la « naissance, ni de la fortune, mais du mérite, et « qui, sachant se faire obéir librement, conduiront « leurs troupes à l'honneur et non au pillage ».

Voilà les hommes que l'éducation bourgeoise doit, de son côté, s'appliquer à former ; des hommes dont l'esprit s'orientera définitivement vers le progrès et vers l'avenir, plutôt que de se consumer sans profit, dans l'espoir décevant et irréalisable d'un retour vers le passé. Pas plus que les individus, les sociétés ne peuvent remonter le cours des âges ; elles subissent, et ne façonnent pas tout à fait à leur gré les diverses phases de leur *évolution*. C'est aux hommes dont je parle à le reconnaître, à s'éclairer complètement sur les grands courants et les puissants instincts qui entraînent les masses dans le temps où ils vivent ; c'est à eux de s'appliquer à les régler sagement, poursuivant leur but avec une fermeté tranquille, sans se préoccuper de la popularité ni des fluctuations possibles de l'opinion.

L'instruction plus abondamment répandue, la lumière pénétrant partout, corrigeront progressivement les défauts de cette phase, *instinctive* encore, par laquelle passe la démocratie. Grâce à elles les masses apprendront, de jour en jour, à mieux discerner, à mieux apprécier les hommes qui leur veulent vraiment du bien. Là sera, n'en doutez pas, le seul remède efficace contre le charlatanisme du Forum, ses fréquentes surprises, ses duperies fatales, et ses périlleux entraînements.

Les savants, les philosophes, les pédagogues, les publicistes ouvrent la marche dans cette voie tutélaire : que d'autres aussi les suivent ! Ce sera le salut. Il s'agit seulement de secouer l'égoïsme et la crainte aveugle du progrès, remparts désormais insuffisants, perfides et trompeurs : l'autruche seule pourrait s'en contenter.

Je crois vous avoir montré clairement, Messieurs, les heureux symptômes qui, autour de vous, et en dehors de vous, sont la caractéristique de cette évolution et de ce travail. Il n'est pas niable que beaucoup d'hommes de bonne volonté se sont mis à la tâche et que déjà vous récoltez les fruits de leur labeur.

Les encouragements donnés partout aux écoles du peuple, aux œuvres de philantropie et de bienfaisance, bien que là encore nous soyons en retard (1), montrent que, sur les débris du passé, se constitue peu à peu, parmi nous, une société nouvelle, tout imbue des idées de science, de liberté, de justice et de solidarité, qui couvent sous leurs ailes fécondes la paix sociale et la régénération de la patrie.

A votre tour, ouvriers et ouvrières, pères et mères de famille qui m'entendez, vous devez faire votre part dans la construction du nouvel édifice social. Vous aussi devez montrer que vous com-

---

(1) Combien sont pâles et insignifiantes, en effet, nos associations ouvrières françaises à côté de celles de l'Angleterre !

Ainsi la *Société coopérative des Pionniers de Rochdale*, fondée *en 1846*, par de simples ouvriers, avec un capital initial de *700 francs*, vient d'établir ainsi *son dernier inventaire :*

Capital en actions, pour la Grande-Bretagne	187.303.125 fr.
Capital d'emprunt	38.461.100 fr.
Capital total	225.764.225 fr.
Marchandises vendues l'année dernière, en chiffres ronds .	700.000.000 fr.
Bénéfice net, déduction faite de 5 0/0 sur les actions et sur le capital d'emprunt.	58.053.325 fr.
Sur cette énorme somme les actionnaires ont prélevé . . . . *pour l'éducation.*	373.820 fr.

La *Société coopérative de gros*, qui vend à ses membres ou à des magasins de détail, un peu au-dessus du prix de revient, de façon à couvrir les dépenses et à rapporter 5 0/0 sur le capital social, fait en ce moment pour 125.000.000 fr. d'affaires par an. Elle a son siège social à Manchester et des succursales à Newcastle, à Londres, à Leeds, à Bristol. Elle a des représentants en Amérique, en France, à Amsterdam, à Hambourg et dans bien des villes de l'Irlande et de l'Ecosse. — *Possédant plusieurs navires, elle fait ses transports elle-même.* — Elle a établi, près de Manchester, de nombreuses et importantes manufactures où elle fabrique les produits qu'elle met en vente. Elle en a monté d'autres à Durham et à Liscester, savonneries, fabriques de bottines, etc...

Ces sociétés colossales ont été fondées et sont administrées encore par des ouvriers. On peut en inférer que ceux-ci possèdent l'instruction et l'initiative nécessaires. Là encore l'éducation a dû précéder l'œuvre : l'œuvre, à son tour, aide puissamment aujourd'hui à l'éducation. De tels exemples en disent plus long que tous les discours.

Il est superflu d'ajouter que l'initiateur obstiné de ces bienfaisantes entreprises, Robert Owen, fut en butte, de son vivant, à toutes les méchancetés, à toutes les calomnies, et qu'après une vie de luttes incessantes il mourut malheureux. Toutefois l'œuvre de cet homme dévoué est là debout, vivace et plein d'avenir, pour attester la puissance de son intelligence et sa supériorité morale sur tous ceux qui l'entouraient. Elle aura des imitateurs, et le nom de Robert Owen, à mesure que les hommes deviendront moins ignorants, moins méchants et moins misérables, sera béni de plus en plus, chez les nations civilisées, comme celui d'un des grands bienfaiteurs de l'humanité.

prenez vos devoirs et l'importance du rôle qui vous est assigné. Vous aussi devez seconder, de toutes vos forces, les influences bienfaisantes qui cherchent à arracher vos enfants à la double servitude de l'ignorance et de la misère.

D'abord, je vous en conjure, préservez-nous des *enfants gâtés* : c'est aux mères surtout que je m'adresse en ce moment. « Une mère faible, dit » Herbert Spencer, qui prodigue sans cesse des » menaces qu'elle n'exécute presque jamais, qui » édicte hâtivement des ordres dont elle se repent » à loisir, qui traite la même faute, tantôt avec » sévérité, tantôt avec indulgence, suivant que » son humeur l'inspire, entasse toute une réserve » de douleurs pour elle et pour ses enfants. »

De telles mères aiment leurs enfants pour elles-mêmes, comme une parure ; elles redoutent pour eux les larmes et l'effort.

Le résultat inévitable de l'amour maternel ainsi compris est de développer chez l'enfant la mollesse et l'orgueil, en faisant de lui le centre de la famille. Que deviendra un enfant obéi, adulé de la sorte, sinon un être incurablement égoïste, et insupportable à tout le monde ?

« Que peut penser un enfant de lui-même, dit » J.-J. Rousseau, quand il voit autour de lui tout un » cercle de gens sensés l'écouter, l'agacer, l'admi- » rer, attendre avec empressement les ordres qui » sortent de sa bouche, et se récrier avec des » retentissements de joie à chaque impertinence » qu'il dit ? La tête d'un homme aurait bien de la » peine à tenir à tous ces faux applaudissements ; » jugez de ce que deviendra la sienne. »

La gâterie est la mère de l'indolence, de l'égoïsme, de la vanité et du mensonge. Rien de plus menteur, en général, qu'un enfant gâté. Je vous le répète, l'enfant gâté est un monstre pour la famille et pour la société ; il mérite vraiment le nom qu'on lui donne ; de grâce, préservez-nous de pareils produits !

Veillez, vous ai-je dit, sur la santé de vos enfants, en exigeant d'eux la sobriété, la tempérance, la pureté des mœurs et la propreté du corps ; en surveillant l'éclosion précoce des nocives habitudes, telles que l'usage prématuré des boissons fermentées et du tabac, poisons bien plus pernicieux encore pour l'enfance et la jeunesse que pour l'âge adulte ; en les habituant à devenir habiles dans tous les exercices physiques, tels que la marche, la course, la gymnastique, le patinage, la natation et le maniement des armes, qui sont à la portée de tout le monde ; en évitant de les amollir, en prenant soin, au contraire, de les aguerrir contre la fatigue, les privations, les intempéries et l'adversité.

Dès le jeune âge, inculquez-leur l'amour du travail et le judicieux emploi du temps. Exigez qu'ils soient exacts à l'école. Habituez-les, dès que leurs facultés s'y prêtent, à voir, à observer, à penser, à juger par eux-mêmes, et à se bien diriger *sans emprunter la boussole du voisin*. Faites-en, s'il est possible, des hommes d'action, doués d'initiative, de courage, de persévérance, et accoutumés, de bonne heure, *à l'effort*, soit physique, soit moral. Cultivez, au lieu de chercher à l'éteindre, ce qu'ils peuvent révéler de personnel, de primesautier, d'original. Encouragez chez eux les dispositions inventives et créatrices. Tout en obtenant, par la persuasion plutôt que par la rigueur, la soumission nécessaire, ne négligez aucune occasion de fortifier leur volonté. En un mot, faites-en *des caractères* : c'est ce qui, à l'heure actuelle, manque le plus à la France, où la routine des anciens systèmes d'éducation, toujours empreints de la vieille influence scolastique, s'applique encore trop à déformer, à détremper, à émasculer les caractères, en les pétrissant, de gré ou de force, dans un moule uniforme, tantôt caporaliste, tantôt monacal. Abdiquer sa personnalité, être et paraître *comme tout le monde*, c'est-à-dire comme la coterie ambiante, voilà le déplorable idéal de cette *éducation* à la Panurge, excellente pour des moutons, mais détestable pour des hommes libres... et, tôt ou tard, mortelle pour la nation !...

C'est, en effet, à ce genre d'éducation, destructrice de toute initiative, à la fois fille et mère de la routine, que nous devons l'absence de fermeté dans les principes, la rareté du courage civique et l'esprit moutonnier qui tendent à dénaturer aujourd'hui le vrai caractère de la race française, originellement spontané, brave, franc, comme son nom, et de première impulsion. C'est à lui aussi que nous devons la plaie du fonctionnarisme et de la bureaucratie, maladie du siècle à laquelle on peut attribuer le délaissement des carrières personnelles, actives et productives. C'est de là encore que vient l'amour effréné de la hiérarchie et du galon. C'est en vertu de la même cause que la moitié des jeunes français et de leurs chers parents s'imaginent qu'il ne peut exister d'autres moyens de vivre et de faire figure dans la vie que d'émarger stérilement, et le plus souvent maigrement, au budget national ou à celui de quelque autre grande machine administrative. La personnalité humaine se fait de plus en plus rare ; tout est devenu rouage. Plus d'indépendance dans les idées, plus d'imprévu ni d'individualisme dans les caractères ; tout devient plat, uniforme, étiqueté, catalogué, numéroté. Partout on voit de parfaits employés, d'héroïques fonctionnaires, d'excellents collègues, de fervents corréligionnaires, d'admirables labadens, mais on se demande ce que l'on a fait des *hommes*, des hommes sachant penser tout seuls, vouloir tout seuls, et, de là, passer à l'action, sans jeter à droite et à gauche, un regard furtif et interrogateur. Voilà bien l'un des maux dont nous souffrons le plus ; il ne comporte qu'un remède, la réforme prompte et profonde *de l'éducation*, en haut comme en bas. L'exemple, déjà cité, de Locke, l'a montré : l'éducation est la vraie créatrice des mœurs, des bonnes comme des mauvaises. Le principe de cette grande réforme a été gravé, il y a plus de vingt siècles, par la main de la Sagesse antique au fronton du temple de Delphes : « *Connais-toi toi-même.* » Là est tout le secret. Ceux qui font profession d'éduquer l'homme doivent apprendre d'abord à l'étudier et à le connaître ; ils doivent se renseigner sur les lois de son organisation, de son développement physique, intellectuel et moral, de son accroissement physiologique et psychique. Ils doivent admettre aussi que, contrairement à un faux idéal, la société humaine ne peut prendre pour types ni le couvent, ni la caserne...

La culture de la femme, plus encore que celle de l'homme, réclame, sous ce rapport, des modifications radicales. Il y a là d'immenses trésors de vitalité et d'énergie, délaissés au grand préjudice de la famille, de la patrie et de la civilisation. Toute conscience qui reste asservie, qui ne se possède pas, est une perte sèche, et, plus souvent encore, un obstacle pour le progrès. Combien sont rares, en effet, de nos jours, les femmes qui savent se conduire d'après les lumières de leur propre jugement et de leur raison personnelle, les femmes qui peuvent marcher dans la vie, autrement qu'en brigade, sans demander leurs inspirations et leur appréciation des personnes ou des choses, soit à des préjugés aveugles, soit à l'obéissance passive, soit à l'imitation plate et servile de mauvais modèles ! Faites donc de vos filles de vraies femmes, au corps vigoureux et sain, à l'esprit ouvert, libre et éclairé, à l'âme forte et dévouée, nourries de bon sens et non d'idées creuses, douées de volonté et non d'entêtement. Ces femmes-là sauront, à leur tour, former de vrais hommes et de vrais citoyens.

Que vos enfants aient tous, dans la main, au moins un bon MÉTIER, *conforme à leurs aptitudes*, qui leur permette, au besoin, de se déplacer, et auquel ils puissent demander, *en tous lieux*, la subsistance et l'indépendance matérielle. Cela vaudra peut-être mieux, pour eux et pour vous, que d'en faire des « gratte-papiers » et des « ronds-de-cuir », emplois que l'on peut, à coup sûr, exercer très honorablement, mais qui condamnent à l'immobilité, à la dyspepsie et aux hémorroïdes, et ménagent souvent de pénibles déceptions aux familles dont, à tort peut-être, ils semblent flatter davantage l'excusable ambition.

S'il s'agit de jeunes filles, faites en sorte, qu'en dehors de l'instruction et de l'apprentissage, elles s'exercent, de bonne heure, aux devoirs multiples du ménage, à l'entretien du linge et des vêtements, aux menus achats, et aux soins délicats que réclament les petits enfants, car il ne faut pas oublier qu'elles sont destinées à devenir un jour épouses et mères à leur tour.

Donnez aussi à vos enfants le goût de l'ordre, de la régularité, de la simplicité, de l'économie et de l'épargne. Développez en eux l'esprit de solidarité, montrez-leur tous les avantages de l'association, et les pernicieux effets de l'esprit de coterie.

Dites-leur bien toutefois que, si l'argent a sa valeur et son utilité, il n'est point tout en ce monde : qu'il ne faut lui sacrifier ni la franchise, ni la droiture, ni l'honnêteté du cœur, ni la dignité personnelle, ni l'indépendance du caractère. Dites-leur aussi qu'une vie laborieuse, de solides connaissances professionnelles, la soif de l'instruction, une conscience éclairée, l'énergique sentiment du devoir et de la responsabilité, sont, *et deviendront chaque jour davantage*, les meilleurs points d'appui qu'un homme puisse trouver dans la vie.

Dites encore à vos fils, déjà grands, qu'il est plus digne pour un mari de nourrir sa femme et la progéniture quelle lui donne que de se faire entretenir par elle, usage qui tend trop à se répandre dans certaines classes, où la préoccupation presque exclusive du « *beau mariage* » est devenue la pensée dominante de la jeunesse, et aussi le signe certain de son défaut d'énergie, de son incapacité, de son peu de fierté, de sa décadence. On ne voit pas cela chez les peuples qui ont gardé toute leur virilité et chez qui l'homme conserve, dans la famille, la situation et l'autorité dont il ne doit jamais déchoir. La dot n'y est pas la condition capitale de l'union des époux ; cette union n'y est pas non plus *une affaire*, qu'on traite par télégrammes, comme une opération de bourse, avec chiffres à l'appui..... La famille, la Nation, la vigueur morale de la race y trouvent leur compte, soyez-en bien convaincus.

Enseignez aussi à vos enfants *la bonté*, qui se

traduira, dans les actes, par le respect vis-à-vis de leurs parents, et de leurs maîtres, par l'attachement à la famille, par la reconnaissance envers tous ceux qui leur font du bien, par la cordiale camaderie, par le culte sacré du droit et de la justice.

Recommandez-leur sévèrement de pratiquer la fidélité à la parole donnée, la sûreté dans les relations, la discrétion en toutes circonstances, la probité dans les transactions, le respect pour la propriété d'autrui, la politesse envers leurs semblables, la déférence vis-à-vis des vieillards, la pitié envers tous les faibles, la tolérance pour les opinions et les doctrines.

Inspirez-leur enfin *le dévouement à la chose publique, le devoir civique, l'amour de la liberté et la passion de leur pays !.....*

Les maîtres, de leur côté, vous aideront dans cette tâche complexe. Et quand, *par l'exemple plus encore que par la parole*, vous aurez, tous ensemble, mis en terre ces bonnes semences, vous vous serez vraiment rendus dignes de votre mision paternelle et du beau nom de citoyens. Alors vous aurez plus fait, soyez-en sûrs, pour la renaissance, la grandeur et le rayonnement de la patrie, que les plus illustres capitaines.

Quand, sur tous les points du territoire de la République, beaucoup d'autres que vous auront aussi accompli avec persévérance, cette saine et féconde besogne, la France, n'en doutez pas, aura reconquis, pour ne plus la perdre, *sa place*, la première place, à l'avant-garde des peuples, à la tête du progrès et de la civilisation du monde.

FIN

BIBLIOTHÈQUE NATIONALE R.F. IMPRIMÉS

TABLE DES MATIÈRES

AVANT-PROPOS

I. LA SANTÉ & L'HYGIÈNE

II. L'ENFANT

III. L'ÉDUCATION INTELLECTUELLE

IV. L'ÉDUCATION PHYSIQUE

BIBLIOTHÈQUE NATIONALE R.F. IMPRIMÉS

Sedan. — Typ. C. Rahon. — Place Nassau, 11.

285

www.ingramcontent.com/pod-product-compliance
Ingram Content Group UK Ltd.
Pitfield, Milton Keynes, MK11 3LW, UK
UKHW022134190726
13855UKWH00003B/1136